Polly Samson
Kissenschlacht

SERIE PIPER

Zu diesem Buch

Polly Samson beobachtet souverän und pointiert mit spitzer Feder die Wechselfälle im Leben ihrer Heldinnen: Sally läßt sich zur Heirat mit dem sehr viel älteren George überrumpeln und findet erst dank weiblicher Raffinesse ihr Glück. Leoni ist schwanger und kann die Geburt ihres Kindes kaum noch erwarten, weil sie dann endlich sehen wird, wer nun eigentlich der Vater ist. Und die gekränkte Caroline findet in dem hinreißenden Model Sophia die perfekte Verbündete für den Rachefeldzug gegen ihren Mann ... Provokativ und herrlich lakonisch erzählt Polly Samson von den Waffen der Frauen, von Liebesschwüren und anderen Geständnissen, von Unschuld und Eifersucht, Wahrheit und Täuschung, Vertrauen und Verführung.

Polly Samson, 1962 geboren als Tochter einer Halbchinesin und eines Deutschen, arbeitete in der Presseabteilung eines großen englischen Verlags und als Journalistin, unter anderem für »The Sunday Times«, »The Guardian« und »Cosmopolitan«. Sie hat drei Söhne und ist mit dem Pink-Floyd-Musiker David Gilmour verheiratet. Ihr neuer Roman erschien auf deutsch unter dem Titel »Stell dir vor«.

Polly Samson
Kissenschlacht

Geschichten von Männern und Frauen

Aus dem Englischen von
Ulrike Wasel und Klaus Timmermann

Piper München Zürich

Ungekürzte Taschenbuchausgabe
Dezember 2000

Titel der englischen Originalausgabe:
»Lying in Bed«, Virago Press/Little, Brown and Company,
London 1999

Umschlag: Büro Hamburg
Stefanie Oberbeck, Katrin Hoffmann
Foto Umschlagvorderseite: Jean-François Jonvelle
Foto Umschlagrückseite: John Swannell
Satz: Ebner Ulm
Druck und Bindung: Clausen & Bosse, Leck
Printed in Germany ISBN 3-492-23222-1

Inhalt

Zeitverschwendung	7
Moosrosen	19
Die richtige für den Job	39
Versteckte Zeichen	67
Wie man sich bettet …	93
Die Börse der Meerjungfrau	107
Daddys Liebling	121
Blutrosen im Schnee	139
Türkische Teppiche	151
Einfallsreichtum	169
Nichts Persönliches	187
Glückspilz	207

Für David

Zeitverschwendung

Sie suchte schon lange nicht mehr nach dem Funken in den Augen ihres Vaters. Das war Kinderkram. Sie wußte genau, wo die Babys herkamen, wie sie gemacht wurden und sogar wie man verhinderte, daß sie gemacht wurden. Sie hatte soviel Zeit damit verschwendet, als sie noch *richtig* klein war, weil ihre Mutter sie immer wieder an der Nase herumgeführt und gesagt hatte: »Damals warst du noch ein Funke in den Augen deines Vaters«, bevor sie dann in Erinnerungen an die glorreiche Zeit schwelgte, als sie vor der amerikanischen Botschaft protestiert hatte, oder von den entsetzlichen Luftangriffen auf London erzählte. Die Kleine kam sich albern vor, wenn sie daran denken mußte, wie sie das Gesicht ihres Vaters in ihre Patschhändchen genommen und in seinen Augen sehnsüchtig nach jenem versteckten Funken gesucht hatte, der ihr ein kleines Geschwisterchen bringen würde.

Ihre Wut, als sich das alles als Blödsinn entpuppte, hatte die Mutter in dem Entschluß bestärkt, ehrlich zu ihrer Tochter zu sein, also holte sie sie in ihr Bett und klärte sie auf, wobei sie ihre Erläuterungen über Zeugung und Empfängnis mit dem Wort Liebe würzte.

»Wenn eine Mummy und ein Daddy sich liebhaben, dann kuscheln sie nachts im Bett zusammen.«

»Weiß ich doch.«

»Na ja, manchmal lieben sie sich so sehr, daß sie noch enger zusammensein wollen und, na ja ...«

»Ja?«

»Also, dann tut Daddy seinen Schniedel in Mummys ganz besondere Stelle hinein. Das nennt man miteinander schlafen; manchmal machen sie dann so ein Baby.«

»Aber wie können sie denn *so* ein Baby machen?« fragte das Mädchen, das die Verlegenheit der Mutter in Kombination mit der Wärme ihres Körpers genoß.

Nicht zum erstenmal verspürte die Mutter des Mädchens den Wunsch, daß die elterliche Verantwortung gleichmäßiger zwischen ihr und ihrem Mann aufgeteilt wäre. Mit einem tiefen Aufseufzen erklärte sie das mit den Spermien (»Liebessamen«, sagte sie) und den Eiern, während ihre Tochter skeptisch dreinblickte. »So werden Babys gemacht«, sagte sie schließlich.

»Großes Ehrenwort?« sagte das Mädchen, und seine Mutter streckte ihre Hände aus, um zu zeigen, daß die Finger nicht gekreuzt waren.

»Großes Ehrenwort«, sagte sie. »So bist *du* entstanden.« Das Mädchen kuschelte sich enger an, genoß den vertrauten Karottenduft der mütterlichen Haut.

»Du und Daddy, schlaft ihr denn manchmal miteinander?« fragte sie.

Die Mutter lachte, drückte sie fester.

»O ja, oft sogar«, sagte sie.

Mag ja sein, dachte das Mädchen, aber wenn sie so oft miteinander schliefen, wie die Mutter behauptete, wieso hatte es dann keine Geschwister? Das Ganze war äußerst verdächtig, wie vorher der Quatsch mit dem »Funke im Auge deines Vaters«. Verlegen ergab sich die Mutter in ihr Schicksal und erklärte das mit den Kondomen, dann schlug sie vor, daß das Mädchen ihr beim Erbsenpulen in der Küche half.

Einige Monate später entdeckte die Kleine die Kondome ihres Vaters. Sie hatte nicht gezielt danach gesucht, sondern sein Nachtschränkchen durchstöbert, weil er dort manchmal die Zartbitterschokoladenkekse versteckte. Bereits bei früheren Keksplünderungen war ihr die himmelblaue konische Blechdose aufgefallen, doch in ihrer Aufregung wegen der Kekse hatte sie nie hineingesehen. An diesem Tag jedoch hatte das Mädchen Zeit, den Inhalt des Schränkchens genauer unter die Lupe zu nehmen, da die Eltern im Gemüsegarten nach Kartoffeln gruben. Es konnte sie durchs Fenster sehen, den Rücken gebeugt, während es einen Stapel alter Fotos durchsah (alle ziemlich langweilig, überwiegend Kinder, die in ihren gestärkt aussehenden Kitteln in einem Garten spielten). Es fand einen Paß, ein paar Spielkarten und einige Tablettenröhrchen. Die Eltern gruben noch immer. Es schraubte den Deckel der blauen Dose ab und fand darin fünf gleich aussehende Folienverpackungen in demselben Blauton. »Durex Elite Condoms« war auf jeder aufgedruckt.

Dieser Fund brachte das Mädchen dazu, sich Tag für Tag an ein obsessives Ritual zu halten. Sobald es aus der Schule kam, schlich es sich ins elterliche Schlafzimmer und zählte die Kondome nach. Die Kleine hatte zwar keinen Schimmer, was »oft« bedeutete, aber sie wußte, daß ihre Eltern, wenn die Kondome weniger wurden, sich noch immer liebhatten und sich doch nicht scheiden lassen würden, obwohl ihre Mutter häufig damit drohte, wenn sie bei ihren Wutausbrüchen vergaß, daß das verängstigte Kind gerade nebenan war. Einmal, etwa ein Jahr nachdem das Mädchen mit seiner rituellen Bestandskontrolle angefangen hatte, waren sechzehn Tage lang sechs Kondome dagewesen. Es wurde mürrisch und nervös. Ständig lag es seiner Mutter mit der Frage in den Ohren: »Du hast Daddy doch noch lieb, oder?«, bis endlich eine der himmelblauen Packungen verschwunden war.

Als die Osterferien anfingen, merkte das Mädchen, daß es sich nicht in Ruhe beschäftigen konnte, bis es Gelegenheit gefunden hatte, die Kondome des Vaters nachzuzählen. Es trödelte beim Frühstück, beobachtete die Mutter, die den »Guardian« las, und wartete, bis sie mit dem Kreuzworträtsel anfing. Es wußte, sobald die Mutter den Politikteil gelesen hatte, würde sie ihren Kaffee nehmen und sich mit Kreuzworträtsel, Stift und Wörterbuch in einem dicken schwarzen Sessel im Wohnzimmer niederlassen. Die Mutter konnte es nicht leiden, wenn sie dabei gestört wurde, und das Mädchen hielt sich nur allzugern daran, eröffnete es ihm doch die Gelegenheit, ungestört das Liebesleben seiner Eltern zu kontrollieren.

Das Haus, in dem sie wohnten, war ein ehemaliges Pfarrhaus aus dicken grauen Granitsteinen, das neun Meilen vom nächsten größeren Ort entfernt lag. Die Kleine durfte nur selten Kinder zum Spielen einladen – ihre Mutter hatte eine Abneigung gegen Small talk und daher auch gegen die Eltern ihrer meisten Schulfreundinnen, die sie ihrem Mann gegenüber als Spießer bezeichnete. Überhaupt hatte sie viel zuviel zu tun, um auch noch Kindernachmittage zu veranstalten, schließlich mußte sie das Kreuzworträtsel lösen und nachmittags an ihrem Buch schreiben. Das Mädchen hatte auch viel zu tun.

Jeden Tag, wenn es die Kondome gezählt hatte, mußte es sich um seinen Marktstand kümmern. Neben dem Pfarrhaus war ein kleines Feld, auf dem es alle möglichen Sachen gab, die Passanten vielleicht gebrauchen konnten. Das kleine Mädchen nahm leere Joghurtbecher, Silberfolie, alte farbige Zeitungsbeilagen, Reste vom Weihnachtspapier, eine Schere und Nadel mit dorthin. Es band aus Primeln, Sauerampfer und Lorbeerblättern kunstvolle Sträuße und stellte sie in die Becher, die es mit Silberfolie umwickelte. Dann suchte es entlang der Hecken nach den winzigen versteckten Veilchen, die hinter den Weißdorn- und Stechginsterbüschen wuchsen. Die Veilchen nähte es dann ordentlich auf die Joghurtbecher, und wenn es keine finden konnte, nahm es statt dessen Gänseblümchen. Aus knorrigen Rhododendronzweigen machte es Rahmen für die Bilder von Pferden, Hunden und Babys, die es sorgfältig aus den Zeitschriften ausschnitt. Alte Shampooflaschen füllte es mit Wasser und steckte die nach Kokosnuß duftenden gelben Stechginsterknospen und winziges blaues Augentrost hazu.

Mit diesen Schätzen ging es dann ans Ende der Pfarrhauseinfahrt, zu der Stelle, wo früher die Milchkannen der inzwischen stillgelegten Molkerei an der Landstraße abgestellt wurden. Alle Verkaufsartikel versah es mit einem säuberlich beschrifteten Preisschildchen und arrangierte sie immer wieder neu, während es auf der steinernen Stellfläche saß und wartete. Vor allem die einsame Lage des Pfarrhauses hatte den Eltern des Mädchens damals so gefallen: Die Schließung der Zinnminen im vorigen Jahrhundert war mehr oder weniger für das ganze Dorf der Anfang vom Ende gewesen. Und so war es auch kein Wunder, daß niemand vorbeikam, und schon bald wandte sich das Mädchen seiner nächsten Tagesbeschäftigung zu. Es legte sich mit geschlossenen Augen mitten auf die kleine Straße und stellte sich vor, daß ein Auto herangebraust käme und wie aufregend es wäre, im letzten Moment aufzuspringen. Einmal schlief es dabei ein und blieb über zwei Stunden liegen.

Nach dem Mittagessen – in der Regel ein Picknick mit Erdnußbuttersandwiches und Zitronenlimonade –, das das Mädchen sich selbst zubereitete, da die Mutter tagsüber nichts aß, stand noch ein Besuch auf dem Programm.

Charles, Henry und Lucy lebten nebenan. Das heißt, sie lebten eigentlich nicht. Nebenan war der Friedhof aus viktorianischer Zeit. Nur ein Friedhof, der nicht mehr benutzt wurde und der auch keine Kirche mehr hatte. Sie war unter ungeklärten Umständen niedergebrannt, nachdem die Gemeinde so zusammengeschrumpft war, daß man der Kirche die Weihen entzogen hatte. Der letzte Pfarrer hatte Selbstmord begangen. Als die Polizei eintraf, lag er in einer Blutlache, die Handgelenke bis zu den Ellbogen aufgeschlitzt, und seine Frau saß daneben und strickte. Es hieß, jedes Jahr an seinem Todestag könne man im Pfarrhaus das Klappern der Stricknadeln hören; das Mädchen ritzte das Datum in ihren Kleiderschrank.

Charles und Lucy waren Bruder und Schwester. Ihre

Grabsteine waren schlichte, moosbewachsene Granitplatten. Flechten hafteten an den eingemeißelten Inschriften mit ihren Namen und Geburts- und Todesdaten. Charles Bolitho 1822 – 1828 (er war sechs) und Lucy Bolitho 1823 – 1831 (sie war acht). Alle Gräber waren verwildert; Ampfer und Nesseln wucherten ungehemmt; viele der Grabsteine zerfielen allmählich. Das Mädchen war auf Charles und Lucy aufmerksam geworden, als es im letzten Sommer einen Schmetterling, einen Admiral, gejagt hatte. Das Gras war ihr bis zu den Knien gegangen, und sie wäre fast über Lucys Grabstein gestolpert. Später am selben Tag hatte sie dann Henrys Grab entdeckt. Ihn hatte sie von den drei Kindern oft gerade am liebsten. Henrys Grabstein war auch aus Granit, hatte aber die Form eines Kreuzes. Auch er war überwachsen, doch sie hatte das Moos mit ihrer Sandalenschnalle abgekratzt und festgestellt, daß Henry Worsfold erst vier gewesen und 1819 geboren worden war. Sie wünschte, sie könnte Henry näher zu Charles und Lucy bringen. Sie wußte, daß er einsam war und gern jemanden zum Spielen gehabt hätte.

Da nie jemand vorbeikam und die Primeln und Veilchen kaufte, teilte die Kleine sie unter den drei Kindern auf. Henry war der einzige, der Erdnußbutter mochte, deshalb machte sie für Charles und Lucy Honigsandwiches. Sie wünschte, ihr Vater hätte mehr Schokoladenkekse, dann könnte sie den dreien auch davon welche mitbringen. Aber wenn sie bei jedem ihrer Raubzüge gleich vier stibitzte, würde er es merken, deshalb brachte sie ihnen nur welche von den einfachen trockenen Keksen mit, aus denen die Mutter den Boden für ihren Zitronenkäsekuchen machte, und erwähnte die Schokoladenkekse mit keinem Wort, damit sie nicht neidisch wurden. Manchmal nahm sie ein Buch mit und las ihnen daraus vor, aber meistens saß sie einfach nur still da. Wenn die Eltern sich ganz besonders heftig stritten, was etwa einmal im Monat der Fall war, fand sie Trost darin, Lucy und Charles davon zu erzählen; Henry dagegen verschwieg sie die Einzelheiten, weil er noch zu klein war, um es zu verstehen. Eines der zwei schönsten Dinge, die in den Ferien passierten, war, daß sie auf Charles' Grab ein kleines, unversehrtes Amselei fand. Es war zartblau und dunkelbraun gesprenkelt.

Das andere Schöne ereignete sich, nur zwei Tage nachdem das Mädchen das Amselei gefunden hatte. Eine junge Dohle, so klein wie ein Wellensittich, war aus ihrem Nest in der Buche gefallen, die ihren Schatten auf Henrys Grab warf. Sie lag auf der Seite im Gras, schlug verzweifelt mit einem Flügel, öffnete und schloß den schwarzen Schnabel und durchbohrte das Mädchen mit dem einen sichtbaren Auge. Es legte sie behutsam in seinen Pullover und lief mit ihr ins Arbeitszimmer der Mutter. »Du darfst sie behalten, wenn du unbedingt willst, aber sie wird nicht lange leben«, sagte die Mutter warnend. »Es wäre am besten für sie, wenn du sie jetzt gleich von ihrem Leiden erlösen würdest.«

Das Mädchen war keinesfalls gewillt, einen solchen Mord zuzulassen, und zudem glaubte es fest daran, daß es die Dohle aufpäppeln konnte. Schließlich hatte es ihr schon einen Namen gegeben: Jackanory, so hatte es sie gleich getauft, als es vom Friedhof nach Hause gelaufen war.

In einer Schublade des Küchenschrankes baute es für die kleine Dohle mit dem gebrochenen Flügel ein Nest, setzte sie auf ein altes graues Badehandtuch und stellte ihr eine Untertasse mit Wasser vor den Schnabel. Das kleine Mädchen fand Würmer zwar ekelig, aber es grub so lange im Gemüsegarten, bis es einige fand, die nicht zu groß waren. Dann versuchte es, die Dohle mit zwei Eßstäbchen als Ersatz für den Schnabel der Mutterdohle zum Essen zu bewegen. Die Dohle aß nicht und trank nicht. Sie tat eigentlich kaum etwas anderes, als nach dem Mädchen zu picken, wenn es sie hochnahm, um sich den Flügel anzusehen, oder wenn es sie bequemer hinsetzen wollte. Als der Vater von der Arbeit nach Hause kam, verspätet und nervös, war auch er der Meinung, daß es am besten wäre, dem Vogel den Hals umzudrehen.

Das Abendessen verließ äußerst unangenehm. Die Mutter knallte die Teller auf den Tisch, der Vater rührte den Braten kaum an. Das Mädchen konnte spüren, wie eine wohlbekannte, unheilvolle Schwärze die Mutter erfaßte. Es hoffte, daß es nicht seine Schuld war, es hoffte, daß es nicht daran lag, weil es unbedingt die Dohle behalten wollte. Vor allen Dingen hoffte es, die Mutter würde keinen Wutausbruch bekommen. Es haßte nichts mehr als das. Das Mädchen konnte es nicht ertragen, wenn seine Mutter die Beherrschung verlor. Das war immer so bedrohlich.

Kurz vor dem Schlafengehen versuchte es, sich damit aufzuheitern, daß es Kakao aus der zarten Porzellantasse trank, in dem sein Osterei gewesen war. Alle anderen Tassen im Haus waren aus altem Steingut, braun und angeschlagen. Diese Tasse war weiß und mit rosa Rosen verziert. Das Mädchen ging früh ins Bett und lag verängstigt da, sang sich selbst ein Lied aus dem Musical »The Sound of Music« vor.

Kurz darauf ging der Streit los, baute sich aus einem leisen Grollen in der Küche zu dem absehbaren Crescendo des Gekreisches ihrer Mutter auf. Der Streit war einer von der schlimmeren Sorte, und es dauerte nicht lange, bis die Kleine hören konnte, wie Geschirr zu Bruch ging. Ihr Fuß fing an, unkontrollierbar auf die Matratze zu klopfen, wie ein Kaninchen in Panik. Tapp, tapp, tapp, tapp, tapp. Ein gleichmäßiger Rhythmus, während unten das Schreien und die Zerstörung weitergingen. Plötzlich fiel ihr die Ostertasse ein. Sie hatte sie auf dem Tisch stehenlassen.

Mit klopfendem Herzen schlich das Mädchen die Treppe hinab und lugte durch den Spalt in der Küchentür. Das Krachen erfolgte nun regelmäßig, füllte die Pausen zwischen den gehässigen Worten der Mutter: »Ich ... krach ... habe ... krach ... die Nase ... krach ... voll von dir ... krach ... Mach was ... Du ... glaubst ... ich sollte eigentlich ... krach ... froh sein ... krach ... Von wegen ... krach ... krach ... krach ...«

Sie stand am offenen Schrank, in dem das Geschirr gestapelt war. Der Vater des Mädchens war von Scherben umgeben, schützte den Kopf mit den Armen, kauerte an der Waschmaschine und versuchte, mit Worten zu seiner tobenden Frau durchzudringen. Das Mädchen konnte seine kostbare Porzellantasse auf dem Küchentisch sehen. Die Mutter schrie noch immer, während sie erneut in den Schrank griff. Leer. Es wußte, was die Mutter tun würde. Als es passierte, war es wie eine oft schon im Geist durchgespielte Szene. Die hysterische Frau griff nach der Ostertasse, das kleine Mädchen fegte durch die Tür und schrie: »Nein.« Doch seine Mutter hielt die Tasse bereits in der Hand, handelte in ihrer

Zerstörungswut so automatisch, daß sie sich nicht bremsen konnte. Ihr Blick traf den ihrer Tochter, als sie die Tasse durch die Luft schleuderte. Noch in derselben Bewegung hob sie das Mädchen hoch und floh tränenüberströmt mit ihm aus der Küche.

Sie wiegte ihre schluchzende Tochter in den Armen. Sagte ihr, wie leid es ihr tat, wollte sie festhalten, als das Mädchen sich wortlos aus der Umarmung wand. Es ließ seine Mutter nutzlos in dem dicken schwarzen Sessel sitzen und ging in die Küche. Es wußte längst, daß die Dohle tot sein würde. Vor Angst gestorben. Ein unvermeidlicher Tod, würden sie sagen, aber dennoch hatte das Mädchen das Gefühl, es hätte ihn verhindern können. Als es die Dohle aus der Kriegszone in der Küche holte, waren die Augen des Vogels geschlossen. Aus Angst, die Mutter würde an den Ort des Verbrechens zurückkehren, nahm es die ganze Schublade und ging damit auf sein Zimmer. Aus einem Schuhkarton bastelte es einen Sarg, kleidete ihn mit einem weichen wollenen Unterhemd aus und legte Jackanory hinein.

Am nächsten Morgen stand das Mädchen früh auf. Der Vater schlief noch auf dem Sofa. Die Mutter hatte die Küche aufgeräumt und saß mit dunkel geränderten Augen am Tisch. Sie blickte nicht auf, als ihre Tochter mit dem Schuhkarton und der Kohlenschaufel nach draußen auf das Feld ging. Am Tor zu dem Feld war ein kleiner Grashügel, wo die Lieblingsprimeln des Mädchens wuchsen. Sie waren nicht wie sonst reingelb mit ein bißchen Grün in der Mitte, sondern blutrot mit einer fast schwarzen Mitte. Das Mädchen hob ein quadratisches Stück Grasnarbe aus, das mit den roten Primeln bedeckt war, und legte es beiseite. Es grub ein Loch, das groß genug für Jackanory und seinen Schuhkartonsarg war. Es suchte einen flachen Stein, um das Grab zu markieren, und legte die Schachtel hinein. Dann füllte es das Loch wieder mit Erde. Schließlich war nur noch Jackanorys winziger Kopf unbedeckt. Er öffnete ein Auge, und das membrandünne Lid offenbarte seine blaue gesprungene Porzellaniris. Das Mädchen brauchte diese Beerdigung und schaufelte entschlossen weiter Erde ins Loch, bis von der Dohle nichts mehr zu sehen war. Vorsichtig paßte es das Stück Grasnarbe mit den Primeln wieder ein, steckte den Grabstein hinein und schrieb mit schwarzer Kreide den Namen der Dohle auf die Granitoberfläche. Dann kehrte es ins Haus zurück.

Das Mädchen ging schnurstracks ins elterliche Schlafzimmer. Es öffnete das Nachtschränkchen des Vaters und nahm die himmelblaue Dose heraus. Darin waren drei in Folie verpackte Kondome. Aus dem Bund seiner Jeans zog es eine dünne Nähnadel. Durch die Verpackung hindurch stach es in das erste Kondom. »Charles«, flüsterte es, und dann in das zweite, »Lucy«, und in das dritte, »Henry«.

Moosrosen

Ich saß am Flügel und spielte Beethoven oder vielleicht auch Elton John. Wahrscheinlich eher Elton John, denn ich dachte an Fiona, und, um ganz ehrlich zu sein, ich übte das Stück »Your Song«, das in der Mitte eine knifflige Passage hat. »Your Song« war unser Lied, und ich wollte es an dem Abend für Fiona spielen. Natürlich so ganz nebenbei.

Ich spiele nicht mehr oft Klavier, warum, weiß ich nicht; aber Fiona mag es, wenn ich spiele, und ich mache ihr gern eine Freude. So was beeindruckt sie. Ein bißchen Brahms, die Mondscheinsonate, »Clair de Lune«, das »Air« von Bach, all die alten bekannten Sachen. Ich schwöre, ihr kommen die Tränen, wenn ich spiele! Sie ist so süß!

Sie ist gern hier in Harlington, und ich fühle mich wie verjüngt, wenn ich alles mit ihren Augen sehe. Ich betrachte die Begeisterung, ja die *Bewunderung* einer schönen jungen Frau als eine Art Belohnung für die viele Arbeit, die Generationen meiner Vorfahren und ich in dieses Anwesen gesteckt haben.

Harlington: Es gibt hier so viel zu tun, daß ich kaum mal einen Augenblick für mich habe. Das eigene Heim sollte doch eigentlich der Ort sein, wo der Mensch

Ruhe und Frieden findet, was schließlich sein Grundbedürfnis ist. Aber davon kann ich hier nur träumen; ständig läuft mir einer von den Arbeitern über den Weg, oder schlimmer noch, irgendwelche Kinder von Arbeitern, die mit ihren verrotzten Nasen in verdreckten Sportschuhen und grellbunten Sweatshirts durch den Park strolchen und offensichtlich nichts Gutes im Schilde führen. Ich kann nicht mal einen Spaziergang machen, ohne daß irgend jemand irgend etwas von mir will: Die alte Eiche ist vom Unwetter beschädigt worden, sollen wir den Baumchirurgen kommen lassen? Wie viele Treiber brauchen wir für die Fasanenjagd am Wochenende? Das Bleidach vom alten Simpkin ist noch immer undicht, soll es neu gedeckt oder einfach ausgebessert werden? Sollen die Äpfel dieses Jahr wieder früh geerntet werden?

»Ja«, sage ich, und »wie immer zwölf Leute.« und »wurde bereits ein Kostenvoranschlag eingeholt? Ach ja? Dann soll die Verwaltung das durchrechnen«, und »bitte klären Sie das mit dem Küchenpersonal ab und nicht mit mir.«

Manchmal habe ich das Gefühl, es gibt kein Entrinnen. Sobald ich ins Haus komme, geht es weiter: Blumen, Bilder, Teppiche und Vorhänge, renovieren, putzen, ersetzen. Es nimmt kein Ende. Harlington braucht wieder die Hand einer Frau. Früher hat sich meine Frau um alles gekümmert; sie hatte das Haus gut in Schuß, aber dann hat sie angefangen, mit den schwarzen Jungs in London das weiße Zeug zu rauchen. Sie ist schon lange weg, und ich empfinde nur noch Erleichterung darüber.

Ich sitze am Flügel und spiele. Draußen sehe ich den

großen Garten und dahinter die Parklandschaft. Der Rasen ist mit dunkelvioletten Krokussen bepflanzt, doch ansonsten gibt es zu dieser Jahreszeit kaum andere Farben. Trotzdem ist Simpkin, der alte Gärtner, bei der Arbeit, so vertraut wie eine der Statuen. Er steht über seine Rosenbüsche gebeugt, stutzt das alte Holz und hustet in sein Taschentuch. Ich versuche, Klavier zu spielen, aber Simpkin lenkt mich ab, schnippelt und hustet, zum Greifen nahe, auf der anderen Seite der Fensterscheibe. Er gibt mir ein ungutes Gefühl, so daß ich weggehe, leicht gereizt durch den emsig und langsam arbeitenden Mann.

Ich gehe ins Frühstückszimmer, weg vom Flügel und von Simpkin. Joan bringt mir meinen Tee und kniet sich vor dem Kamin hin, um das Feuer zu schüren und noch einen Holzscheit aufzulegen.

»Ich habe Sie vorhin spielen gehört«, sagt sie, »das war sehr schön, ich mußte daran denken, als Sie klein waren.«

Joan war mein Kindermädchen, und ich habe sie als Haushälterin behalten. Sie ist eine gute Seele, die mich und meine Schrullen kennt. Niemand macht so einen vorzüglichen Schokoladenpudding wie Joan.

»Ich weiß noch, wie ihre Ladyschaft Sie am Flügel auf den Schoß genommen hat und Sie gespielt haben, als Sie kaum älter als drei waren. Sie hatten schon damals ein Gefühl für Musik«, sagt sie.

Früher hat man mir oft gesagt, daß ich es, wenn ich genug spielen und mehr üben würde, vielleicht sogar zu Konzertreife bringen würde, aber das Haus hat mich immer viel zu sehr in Anspruch genommen. Das Anwesen geht nun mal vor.

Fiona kommt heute abend, mit dem Zug um acht Uhr zweiunddreißig von Paddington. Sie wird den Gestank der Großstadt mitbringen. So schön sie auch ist, ich rühre sie erst an, wenn sie gebadet hat. Ich werde sie in Ruhe ein Duftbad nehmen lassen, damit sie sich entspannt und nicht mehr in dem neurotischen, hochtourigen Tonfall der Londoner Karrierefrau daherplappert. Kopfschmerzen am Freitag abend sind nun wirklich das letzte, was ich gebrauchen kann.

Vielleicht gehe ich nach dem Abendessen wieder mit ihr in die Orangerie. Ich sehe sie schon vor mir, ausgestreckt auf den Marmorfliesen, alabasternackt zwischen den holzigen Muskatellerwurzeln, während ich über ihr stehe und sie im Licht einer einzigen Kerze mustere. Ich betrachte ihre großen braunen Augen, während sie versucht, meinem Blick standzuhalten, und ergötze mich an ihrer Schüchternheit. Ich stelle sie mir als ein Kaninchen vor, das im Scheinwerferlicht erstarrt. So mag ich sie: entblößt, still und ein wenig verängstigt.

Ich nehme meine Teetasse und gehe zur Terrassentür, blicke hinaus über den Rasen zur Orangerie, im Radio spielt Musik, Elgar, glaube ich, sehr angenehm. Es regnet jetzt, und durch die beschlagene Scheibe sehe ich Simpkin, der seine Gartenschere immer wieder in das dornige Skelett der Moosrosen schnellen läßt, die für meine Großmutter gepflanzt wurden. Er beugt sich über seine Arbeit, kniet jetzt auf der nassen Erde, sammelt die verdrehten toten Zweige auf und stopft sie in einen grünen Abfallsack, das Wasser rinnt von den Schultern seiner schwarzen Öljacke, tropft von der Krempe des braunen Filzhutes auf die erdverschmierten, nackten Hände. Im Hintergrund ragt die Orangerie aus dem Regen, Streifen von Grau und Blaßgrün, ihre Scheiben und Eisenstreben lösen sich vor meinen Augen auf wie Aquarellfarben. Simpkin geht schwerfällig in die Hocke, hustet wieder in sein triefendes Taschentuch. Wieso sucht der Mann nicht Schutz vor dem Regen? Er macht mich richtig nervös, ich fühle mich vom Gespenst dieses törichten alten Narren regelrecht verfolgt.

Joan kommt herein und sieht, wie ich an der Tür stehe und Simpkin beobachte. »Unverbesserlich«, seufzt sie. »Er sollte in seinem Zustand nicht draußen sein. Er hat's an der Brust. Ich sage ihm immer wieder, er soll Jack und Henry das machen lassen, bei so einem Wetter, aber er hört ja nicht auf mich.«

»Er ist ein alter Narr«, sage ich.

»Und es wird bald um ihn geschehen sein, wenn er so weitermacht«, sagt Joan. »Doctor Beale hat mir gesagt, daß er noch eine Lungenentzündung nicht überstehen wird. Aber er ist von diesen Moosrosen wie besessen. Ich glaube, er lebt nur dafür, sie noch einmal blühen zu sehen: Er spricht mit ihnen, wissen Sie, ich schwöre es, ich habe ihn gehört.« Joan redet, während sie sich an meinem Tablett zu schaffen macht, frischen Tee hinstellt und die Ingwerplätzchen auf dem Teller neu arrangiert.

Ich bin kein sentimentaler Mensch, aber ich kann den Anblick des alten Simpkin da draußen einfach nicht mehr ertragen. »Um Himmels willen«, sage ich, »holen Sie den alten Trottel herein, ich will mit ihm reden. Ich kann keine Sekunde länger mit ansehen, wie er sich aufweichen läßt.«

Gleich darauf sehe ich, wie Joan beherzten Schrittes

unter ihrem roten Regenschirm den Rasen überquert. Simpkin richtet sich auf, die Gelenke bewegen sich steif, werden aber nie ganz gerade, und wischt sich die Hände an seinem moosigen alten Moleskin ab. Ich sehe, wie er zum Haus herüberblickt, die Schultern zuckt, mit Joan redet und dann wieder in Richtung Haus schaut. Ich öffne die Tür zur regennassen Terrasse und gestikuliere Simpkin, sich zu beeilen. Simpkin klappt seine Schere zusammen, steckt sie in die Tasche und kommt langsam über den Rasen, zögerlich wie mein alter Labrador, die Füße schwer wie Lehm, hinter Joan her.

Ich stehe an der Terrassentür. »Simpkin«, sage ich, »kommen Sie doch bitte rein ins Warme.«

Simpkin bleibt auf der Terrasse stehen, Wasser rinnt ihm von der Kleidung. »Sir, ich bin verdreckt und patschnaß, ich mache Ihnen bestimmt den Fußboden schmutzig«, sagt er.

»Egal, kommen Sie schon«, sage ich, »schnell, mir wird kalt.«

Simpkin steht vor mir im Frühstücksraum vor der Terrassentür, starrt auf seine Stiefel und das schmutzige Wasser, das sich um sie herum sammelt. Er hält seinen braunen Filzhut in den Händen. Ich werde ihn bitten, nur für Fiona ein paar Rosen zu pflanzen, vielleicht irgendwo in den Rosenbeeten an der Orangerie, meinem nächtlichen Lustgarten. Ich fände es schön, wenn Fiona sich für die Gärten interessieren würde. Meine Mutter hat mal in den Botanischen Gärten von Chelsea ein ausgezeichnetes Seminar besucht. Ich werde Fiona davon erzählen und auch, daß ich den armen alten Simpkin zum Tee eingeladen habe.

»Joan«, sage ich, »holen Sie dem Mann ein Handtuch. Und eine Tasse Tee. Sie trinken doch einen Tee mit mir, Simpkin?«

Simpkin beugt sich zu seinen Stiefeln hinab, große, schwielige Hände, die Haut rauh wie Rinde, mühen sich mit den nassen, knotigen Schnürsenkeln ab. Sein Mantel dampft bereits, und Wasser tropft ihm von den stahlwolleartigen Haaren. Er riecht nach feuchtem Torf und Sägemehl; eigentlich gar nicht unangenehm.

Joan nimmt Simpkins Öljacke und Hut, um sie in der Küche zu trocknen. Ich höre sie mißbilligend mit der Zunge schnalzen, als ich Simpkin bitte, am Kamin Platz zu nehmen, und sie breitet die kastanienbraune Hundedecke über einen der Sessel am Kamin. Sie billigt es nicht, wenn Arbeiter ins Haupthaus gebeten werden, so etwas gehört sich nicht.

Simpkin sitzt auf der Sesselkante, wischt sich die Hand an einem Zipfel des Handtuchs ab, bewegt verlegen die Füße, hakt sie hinter die Sesselbeine, um seine Socken zu verstecken, graue Wolle mit braunen Flekken von mit Regen vermischtem Lederfett.

»Sie wollten mich sprechen, Sir? Ich hoffe doch, der Garten entspricht Ihren Vorstellungen?« Simpkin starrt ins Feuer, bewegt unbewußt sachte die rechte Hand, dirigiert unmerklich die Musik von Elgar, den Zeigefinger leicht auf dem Daumen ruhend, als würde er einen unsichtbaren Taktstock halten.

»Ja«, versichere ich ihm, »der Garten ist so, wie er zu dieser Jahreszeit sein sollte. Ich habe bloß überlegt, ein paar von den Moosrosen an der Orangerie zu ersetzen.«

Simpkin blickt auf, jäh, als hätte ich ihn beleidigt. »O nein, Sir, tun Sie das nicht. Das sind Schönheiten, alle, wie sie da sind. Sie blühen einfach prachtvoll, mit aller Kraft, die sie haben. Nur ein einziges Mal, wohlgemerkt, nicht wie diese schrecklichen neuen Rosen, die ständig blühen. Aber diese Blüten. Es sind die schönsten Blüten, die ich kenne. Und soviel Moos auf jeder Knospe, sie kräuseln sich ein wenig, und dann brechen die Blüten hervor, entfalten ihre Blätter, drängen das ganze Moos beiseite. Wie eine Geburt, bei jeder einzelnen. Blätter wie Blut und Wein. Etwas Schöneres kann man sich in einem Garten gar nicht vorstellen. Und erst der Duft! Haben Sie den Duft bemerkt?« Simpkins Augen leuchten.

»Danke, Simpkin«, sage ich erstaunt. »Wenn Sie sie nicht für zu alt und verholzt halten, vertraue ich Ihrem Urteil. Aber ich möchte zusätzlich ein paar neue Büsche für Fiona setzen, in den Beeten direkt an der Orangerie.« Ich hatte vage an langstielige weiße Rosen gedacht, weiß wie Fionas Schwanenhals, aber dann dachte ich darüber nach, was Simpkin gesagt hatte, und erinnerte mich an die Rosen. Wie hatte meine Mutter diese Rosen geliebt! Ich dachte an den Augenblick, bevor sie erblühten, wenn jede dicke, bernsteinfarbene gekräuselte Knospe an der Spitze aufbrach und die zarten rosa gefalteten Blütenblätter zum Vorschein kamen. So erotisch. Genau wie Fiona.

Simpkin wirkt entspannter, er ist wieder bei der Musik, sein Kopf und seine Hand wiegen sich deutlich sichtbar im Klang einer einzelnen Geige. Er hat seinen Tee nicht angerührt, und ich bedeute ihm zu trinken. Die enteneiblaue Porzellantasse wirkt in seiner knorrigen Eichenhand viel zu zart, als könnte der Griff abbrechen. Sie klappert, als er sie wieder auf die Untertasse stellt.

»Ich besorge Ihnen einen Rosenkatalog, wenn Sie möchten. Im Hawkins-Katalog sind viele schöne Moosrosen, mit guten, kräftigen Wurzelstöcken, die blühen noch diesen Sommer, wenn wir sie rechtzeitig setzen. Ich mache das schon, Sir. Im Juni sind sie eine Blütenpracht.« Simpkin ist jetzt entspannter, da er den Tee getrunken hat, plaudert angeregt über seine geliebten Rosen. Seine Begeisterung ist erquickend.

»Das wäre sehr nett von Ihnen. Wie ich sehe, sind Sie ein Fan von Elgar«, sage ich mit Blick auf seine Hände, die den nächsten Satz des Musikstücks dirigieren.

»O ja, Opus 12, ›Salut d'amour‹, eins meiner Lieblingsstücke«, sagt er und verblüfft mich erneut.

Wir reden eine Weile über Musik. »Vielleicht können Sie mir helfen«, sagt er, vergißt einen Moment seine Socken und streckt die Füße zum Feuer, »es gibt da ein Stück, nach dem ich schon seit Jahren suche, aber ohne Erfolg. Sagt Ihnen der Name Galos was? Ein Komponist, aber ich kenne sonst nichts von ihm, nur dieses eine Stück, das ich als junger Bursche gehört habe. Es ist wunderschön, ›Le Lac de Come‹. Es würde einer Statue die Tränen in die Augen treiben.« Er ist genauso leidenschaftlich bei seiner Musik wie bei seinen Rosen. Ich stelle fest, daß ich ihn nach einer Weile nicht mehr bemitleide, und freue mich über die Unterbrechung der üblichen Langeweile an einem verregneten Freitag in Harlington.

Fiona geht sonntags nach dem Mittagessen gern im Garten spazieren, bevor sie wieder nach London fährt, zurück in ihr richtiges Leben, wie sie es nennt. Harlington ist für sie wie ein Traum. Wir schlendern durch wilden Knoblauch, unsere Schuhe hinterlassen eine aromatisch pikante Spur aus zermalmten nassen Blättern, und Fiona sagt, daß sie sich wie Alice fühlt, die durch den Spiegel tritt, wenn sie freitags durch das Haupttor kommt. »Es ist wie eine Zeitreise«, sagt sie, »ich komme in einem anderen Jahrhundert an.« Ich lache. Ich erwidere, daß wir, wenn sie abfährt, wie die Tanzfiguren auf einer Spieluhr erstarren und erst wieder lebendig werden, wenn sie zurückkehrt.

»Ja, ihr seid alle wie aus Stein gemeißelt«, sagt sie. »Ich meine, sieh dir doch bloß mal ihn an.«

Sie deutet auf Simpkin, der unter seinem braunen Filzhut gebeugt an der Obstgartenmauer arbeitet, mit einer dicken grünen Schnur, die aus einer der prallgefüllten Taschen seines Segeltuchkittels abgerollt wird, die widerspenstigen Zweige der Nektarinenbäume im Spalier zurückbindet und dabei eine Melodie vor sich hinpfeift.

»Sieh dir deinen Simpkin an«, sagt sie, »der kann doch unmöglich real sein. Er ist älter als die Königinmutter. So sehen die Gärtner doch nur in Kostümfilmen aus.«

Simpkin blickt auf und tippt sich an den Hut, als wir näher kommen.

»Tag, Simpkin«, sage ich, »besseres Wetter heute.«

»Wissen Sie, Sir, und Miss«, sagt er, drückt sich sacht die Hände ins Kreuz, damit er für Fiona gerader steht, »auf dem Rasen sind schon Gänseblümchen. So mild ist es. Gänseblümchen im Februar. Die Welt steht Kopf. Ich arbeite hier in den Gärten schon, seit ich ein Junge war, und Gänseblümchen im Februar hatten wir noch nie, in siebzig Jahren nicht.«

»Das ist der Treibhauseffekt«, sagt Fiona, »die Erde heizt sich auf, stimmt's?«

»Tja, was auch immer, jedenfalls ist es nicht so, wie es sein sollte«, sagt Simpkin.

Er greift in eine seiner Taschen und holt eine zerknitterte Farbbroschüre hervor.

»Das ist der Hawkins-Katalog, von dem ich gesprochen habe, wegen der Rosen, die Sie wollen«, sagt er, streicht die Broschüre glatt und wischt sie an seinem Ärmel ab, bevor er sie mir reicht. »Ich habe die Seiten eingeknickt, die Sie interessieren werden. Die Moosrosen.«

»Danke, Simpkin«, sage ich, »Fiona und ich werden uns beim Tee einige Rosen aussuchen. Kommen Sie doch später in die Küche, ich werde Joan bitten, Ihnen auszurichten, für welche wir uns entschieden haben.«

»Sehr gut, Sir«, sagt Simpkin. »Wir müssen sie sobald wie möglich setzen, damit sie sich eingewöhnen, bevor es richtig warm wird. Dann erfreuen sie uns im Sommer bestimmt gern mit ihren Blüten, aber sie brauchen Zeit zum Eingewöhnen.«

»Eingewöhnen?« sagt Fiona, als wir zurück zum Haus gehen. »Er tickt offensichtlich nicht richtig. Er redet über Rosen, als wären es Kinder.«

»Er ist ein Mann mit erstaunlichen Leidenschaften«, sage ich, »du müßtest ihn mal hören, wenn er über Musik redet. Ich hab dir doch erzählt, daß ich ihn neulich aus dem Regen hereingebeten habe und wir zusammen Tee getrunken haben. Ich bin ihn gar nicht mehr losgeworden. Er hat meinen Jagdinstinkt geweckt, und ich habe gleich das Grove-Musiklexikon durchforstet, um ein bestimmtes Stück zu finden, das er seit Jahren sucht. Aber im Grove ist der betreffende Komponist nicht mal aufgeführt; vielleicht hast du ja recht, und er tickt wirklich nicht richtig. Er hat sogar an die BBC geschrieben, um zu fragen, ob sie eine Aufnahme von dem Stück haben, was natürlich nicht der Fall ist. Aber dennoch, für einen Gärtner recht beachtlich, findest du nicht?«

»Mich überrascht hier gar nichts«, sagt Fiona, »schließlich bin ich im Wunderland.«

Aber Simpkin ist, wie sich herausstellt, nicht so spinnert, wie wir dachten. Als Fiona fort ist, bringt Joan mir meine heiße Milch zusammen mit Notenblättern, die Simpkin für mich abgegeben hat, als er den Rosenkatalog aus der Küche abholte. Es sind die Noten von »Le Lac de Come« von Galos, dem Stück, nach dem der alte Knabe schon so lange sucht. »Ich glaube, er will es für seine Beerdigung«, sagt Joan, »und zu der ist es nicht mehr so weit hin.«

Ich nehme die zerknitterten Seiten mit ins Musikzimmer und setze mich an den Flügel. Meine trägen Finger haben zunächst Mühe, die richtigen Noten zu treffen, aber dann packt es mich. Das Stück beginnt mit einem langsamen, leisen Arpeggio. Während meine rechte Hand sich über die Tasten bewegt, verändert sich der Ausdruck, die Melodie mündet in gebrochene Akkorde, ahmt eine Harfe nach. Dann folgen schnelle, häufig wiederholte Klänge, wie eine Mandoline. Es ist fesselnd, sentimental, ungemein romantisch, wie die Titelmelodie eines italienischen Films, vielleicht einer Liebesgeschichte aus der Zeit vor dem Ersten Weltkrieg. War Simpkin jemals verliebt, frage ich mich. Seit ich klein war, ist er Gärtner in Harlington. Soweit ich mich zurückerinnern kann, war er schon immer alt.

»Du solltest es für ihn aufnehmen«, sagt Fiona, als ich ihr Simpkins Stück vorspiele, »du spielst es wunderschön.« Doch wegen der vielen Arbeit in Harlington und eines Trips mit Fiona zum Opernfestival auf Barbados, wo wir Pavarotti als Don Giovanni im Holders House hörten, vergehen mehrere Monate, bis ich überhaupt wieder mal am Flügel sitze.

Die Rosen, die ich für Fiona ausgesucht habe, wachsen nun in zwei kreisrunden Beeten an der Orangerie. Sie sind gut eingewurzelt, nachdem Simpkin sie gepflanzt und mit seinem speziellen Kompost, einem Geheimrezept, gedüngt hat. »So, ihr werdet euch hier wohl fühlen«, sagt er zu ihnen, »ihr werdet prächtig gedeihen, wenn ihr erst mal mit euren Wurzeln all die köstlichen Nährstoffe erreicht habt.« Er hat sie gut gepflegt. Um die einzelnen Pflanzen herum hat er Knochenmehl gestreut und alles mit einer Lage goldgelbem Weizenstroh geschützt, die er eng um den Stamm gelegt hat, aus dem die knospenden, pelzigen Äste hochragen wie ein Geweih.

Ich gehe mit Fiona zu den Rosensträuchern, um sie ihr zu zeigen. »Siehst du, wie sehr ich dich liebe?« sage ich. »Ich habe dir einen Rosengarten versprochen, und da ist er!« Sie betrachtet die nackten Äste skeptisch und erinnert mich daran, daß ich doch »Le Lac de Come« für Simpkin aufnehmen wollte. »Überleg doch mal, wie du dich fühlen würdest, wenn er stirbt und du diese Kleinigkeit nicht gemacht hast«, gibt sie mir zu bedenken. »Jaja«, sage ich und steuere mit ihr auf die Tür der Orangerie zu, »du hast recht. Ich sollte es wirklich tun.«

Fiona und ich sind jetzt so lange zusammen, daß sie allmählich anfängt, mich herumzukommandieren, und ich weiß nicht recht, was ich davon halten soll. »Heute abend«, sagt sie, als sie mich festhält und mir, wie ich hoffe, imaginären Staub von den Schultern meines Blazers wischt, »heute abend machst du die Aufnahme. Dann hast du's hinter dir.«

Ich erinnere sie daran, daß mein alter Freund Hugo und seine Frau Belinda übers Wochenende kommen. »Sie wollen sich bestimmt nicht irgend so ein albernes kleines Klavierstück anhören«, sage ich. Was soll ich den beiden denn ihrer Meinung nach sagen? Daß ich es für den *Gärtner* aufnehme?

Frauen. Sie setzen immer ihren Willen durch. Nach einem vorzüglichen Abendessen – es gab Wachteln mit Joans sensationellen Rosmarinkartoffeln – wollte ich eigentlich meinen Armagnac in der Bibliothek trinken. Wie es dazu kam, daß ich im Musikzimmer landete und folgsam am Flügel saß, während Hugo und Belinda verwundert dreinblickten und Fiona ein kleines Mikrophon an den Kassettenrecorder anschloß, weiß ich wirklich nicht.

»Spiel mal irgendwas«, sagt sie, während sie den Recorder testet und dann das Mikrophon auf einen Stapel Bücher stellt. »Alter Junge«, sagt Hugo und spitzt gespielt amüsiert die Lippen, »ein bißchen Musik nach dem Dinner, wie bezaubernd.«

Ich fange an, den Galos zu spielen, aber da es lange her ist, brauche ich einige Anläufe. Hugo hat eine Schwäche für erlesenen Wein, und weil er mir immer wieder nachgeschenkt hat, habe ich beim Essen einiges mehr als die üblichen paar Gläser Bordeaux getrunken.

»Einen Moment«, sagt Fiona, »ich muß eben die Aufnahme überprüfen.« Hugo gießt sich noch einen Armagnac ein, während Fiona das Band zurückspult und den Anfang abspielt. Die Aufnahme hört sich ziemlich gut an, und Fiona ist überzeugt, daß es für Simpkin ausreicht. »Okay«, sagt sie, jetzt kichernd, »noch mal von vorn.«

Allmählich genieße ich die Aufmerksamkeit, Hugos hinreißende Frau Belinda steht in ihrem eleganten Abendkleid neben mir und sieht zu, wie meine Finger über die Tasten gleiten. Ha. Sie ist fasziniert! denke ich, während sie näher kommt, den Körper vorbeugt und ihn gegen die Seite des Flügels preßt.

»Ach, verdammt!« sage ich, als ich mich verspiele. Fiona zuckt zusammen und schaltet den Recorder aus. »Das war wundervoll, ich liebe Klavier«, sagt Belinda, »was ist das für ein Stück?« Ich erzähle ihr von Simpkin, seiner Leidenschaft für dieses Stück, und daß er nirgendwo eine Aufnahme hat finden können, und auf ein Zeichen von Fiona hin spiele ich weiter, sobald sie die Aufnahmetaste gedrückt hat. Bravourös meistere ich das Stück bis zum Ende und lächele Belinda an. »So«, sage ich, »das wäre geschafft. Fiona braucht mir nicht mehr dauernd in den Ohren zu liegen, und der alte Trottel kann beruhigt den Löffel abgeben und sicher sein, daß sein Stück bei seiner Beerdigung gespielt wird!« Ich nehme mein Glas und erhebe es. »Auf Simpkin.« – »Auf Simpkin«, rufen die anderen, und wir alle trinken auf den alten Mann und brechen in Gekicher aus bei der grotesken Vorstellung, daß ich mir soviel Mühe für einen meiner Gärtner gemacht habe.

Ich schlendere zu dieser Jahreszeit häufig über das Grundstück, aber Simpkin ist nirgends zu sehen. Ich liebe den Garten im Frühsommer. Meine Mutter, sie ruhe in Frieden, ist immer mit mir hier spazierengegangen und hat mir gesagt, wie die Pflanzen heißen. Deshalb weiß ich, daß die großen, abgestützten Blütenähren, die so intensiv blau leuchten, Rittersporn sind, daß die Büsche, die aussehen, als wären sie mit leuchtendrosa und cremefarbenen und kastanienbraunen Papierschmetterlingen übersäht, Zistrosen sind und die großen Sträucher um den Brunnen, an denen weiße Spitzenpompons hängen, »Viburnum opulis« heißen. Ich kenne mich auch mit Moosrosen aus. Die Rosensträucher, die ich für Fiona habe pflanzen lassen, sind mit flaumigen Knospen bedeckt, sie werden in den nächsten Wochen erblühen. Als die Tage vergehen und ich Simpkin weiterhin nicht zu Gesicht bekomme, ertappe ich mich dabei, wie ich immer öfter in die Rosengärten gehe und nach ihm Ausschau halte, die Kassette mit der Aufnahme von dem Galos-Stück in der Tasche.

»Es hat ihn schlimm erwischt«, sagt Joan, als ich mich schließlich bei ihr nach Simpkin erkundige. »Er war die ganze Woche im Krankenhaus, an alle möglichen Apparate angeschlossen, aber jetzt ist er wieder zu Hause. Offenbar ist er einfach gegangen. Die Schwestern waren ganz schön aufgebracht.«

»Ob es ihm wohl gut genug geht, um mit mir einen Tee zu trinken?« frage ich unwillkürlich.

»Ich könnte mich erkundigen, wenn Sie gerne möchten. Ich könnte jetzt gleich zum Gärtnerhaus gehen. Unter uns gesagt, ich glaube, er ist nur zurückgekommen, um die Rosen zu sehen.«

»Ja«, sage ich, »vielleicht könnten Sie ihm sagen, daß ich ihn gern sehen möchte. Ich will, daß er eine vernünftige ärztliche Behandlung bekommt. Schließlich hat er meiner Familie gute Dienste geleistet.« Doch dann stelle ich mir vor, wie der alte Simpkin sich durch den Park quält. Vielleicht stirbt er auf dem Weg hierher oder bricht auf einem meiner Stühle vor meinen Augen zusammen.

»Nein«, sagte ich, »vergessen Sie das mit dem Tee. Ich schaue selbst bei ihm rein.«

Ich gehe durch den Park zum Gärtnerhaus, wo Simpkin wohnt, seit ich auf der Welt bin. Das Haus ist durch ein altes Gatter, das schief in den Angeln hängt, vom Park getrennt. Dahinter liegt ein verwilderter alter Garten, der paradoxerweise nur aus hohem Gras besteht, übersät mit Mondviolen, Butterblumen und Fingerhut mit den getüpfelten Rachenblüten. Der uneben geplasterte Weg führt zur Haustür, die frisch gestrichen ist, wie die Türen und Fensterrahmen bei allen anderen Personalhäusern auf dem Gut, mit Harlington-grünem Lack. Die Tür geht direkt ins Wohnzimmer, wo Simpkin zusammengesunken in einem Rattanrollstuhl sitzt, eine gelb-grüne Wolldecke mit Schottenkaro über den Knien. Sein Gesicht ist wächsern weiß, und seine Augen, Lippen und sogar die Haare wirken farblos, wie aus einem einzigen Stück Speckstein gemeißelt. Noch während ich in der Tür stehe, kann ich ihn atmen hören, hohle, rasselnde Atemzüge, und plötzlich schnappe ich selbst nach Luft.

Ich sollte ihn sofort ins Krankenhaus zurückbringen, denke ich, aber er scheint meine Gedanken zu lesen.

»Sir«, sagt er, »ich möchte gerne hierbleiben.« Seine

Stimme klingt erstickt, als versuchte er, sich durch dikken Sirup hindurch verständlich zu machen. »Es wird mir besser gehen, wenn ich die Rosen sehen kann. Sie blühen bald.«

»Ja, natürlich«, sage ich. »Ich verstehe.« Ich hole die Kassette aus meiner Tasche.

»Haben Sie einen Kassettenrecorder? Ich habe Ihnen was mitgebracht.«

Ich entdecke das Gerät neben dem alten, verkratzten Plattenspieler auf der Anrichte. Darüber sind Regale mit Schallplatten, in ihren braunen Wellpappehüllen aufgereiht, und drei Reihen mit Kassettenständern, Simpkins ganze Musiksammlung. Ich lege die Kassette ein. »Der Galos, nicht wahr?« sagt er. Seine farblosen Augen spiegeln die Sonne, die über dem Park untergeht. Er dreht kräftig mit seinen großen Händen an den Rädern des Rollstuhls und bewegt sich zur Tür, blickt durch den Garten zu den Rosen hinüber. Ich drücke die Play-Taste, und die ersten Baßtöne klingen durch das kleine Zimmer.

Die Musik geht bis zu der Stelle, an der ich mich verspiele, bricht dann abrupt ab. Ich höre meine Stimme vom Band, die sagt: »Ach, verdammt!« Ich blicke Simpkin an, er muß lachen über meinen Fluch, dann ein zähes, brodelndes Husten, und er legt sich die Hand auf die Brust. Und dann fängt die Musik wieder an. Ich stehe neben Simpkin, der den Blick in die Ferne schweifen läßt, weiter als die Rosen, weiter als die Gärten oder der Park. Er spricht flüsternd, kaum hörbar, während die Lautsprecher meine Musik in sein enges Zimmer mit der niedrigen Balkendecke tragen.

»Da«, flüstert er, »der Wind wird stärker. Das Wasser

des Sees schlägt kleine Wellen ... jetzt werden sie größer, laufen einander nach ... sind fast so groß wie Meereswellen.« Er lächelt, hat nun die Augen geschlossen. Kopf und Schultern wiegen sich über der Wolldecke, als die Musik zum Crescendo aufwallt. Seine großen Hände bewegen sich hemmungslos, als die Musik wieder sanfter wird, »... und jetzt flaut der Wind ab, und die Bäume sind wieder still ... der See ist ruhig, gläsern. Nun herrscht Friede.« Die Musik erstirbt, der letzte Ton hallt noch einen Augenblick nach, bevor meine Stimme aus den Lautsprechern Simpkins Zimmer erfüllt. »So, das wäre geschafft. Fiona braucht mir nicht mehr dauernd in den Ohren zu liegen, und der alte Trottel kann beruhigt den Löffel abgeben und sicher sein, daß sein Stück bei seiner Beerdigung gespielt wird. Auf Simpkin!« Und dann ertönen Gelächter und das Klimpern von Gläsern, während andere, leicht lallende Stimmen einfallen: »Auf Simpkin!«

Ich stoße eine Lampe um, mein eigenes Gelächter klingt mir erbarmungslos in den Ohren, die Lampe zerbricht auf dem Boden in tausend Stücke, während ich zu dem Gerät haste und nach der Stop-Taste suche. Ich drehe mich um, mit vor Schamesröte brennendem Gesicht, und sehe, daß Simpkin aus seinem Rollstuhl aufgestanden ist und durch den Garten wankt. Ich schaue ihm nach, und ein plötzlicher Schmerz, als drehte mir jemand ein Messer in der Brust um, treibt mir die Tränen in die Augen, ich schaue Simpkin nach, wie er durch das schwächer werdende Licht in Richtung Orangerie und Moosrosen geht, deren Silhouette sich klar abzeichnet.

Die richtige für den Job

Der blaumetallicfarbene Kombi hielt am Straßenrand im Parkverbot vor dem Montessori-Kindergarten, die Fahrerin drehte sich auf ihrem Sitz um, griff nach hinten, öffnete die Tür und ließ die beiden kleinen Kinder in den Regen hinaus. Das Mädchen, in schwarzen Lackschühchen und mit schönen buschigen Zöpfen, die rechtwinkelig vom Kopf abstanden, war reifer als seine vier Jahre vermuten ließen; es nahm seinen jüngeren Bruder an der Hand und ging mit ihm die Treppe hinunter in das Gebäude. Die Frau stieg nicht aus, sondern sah ihnen durch das Autofenster nach, ohne den Motor abzustellen.

Sie war nicht immer so gewesen. Als die Kleine frisch in den Kindergarten kam, hatte ihre Mutter sie immer bis in die Eingangshalle begleitet, ihr geholfen, den Mantel an dem Haken mit ihrem Namen aufzuhängen, und ein wenig mit Miss Rosaleen, der Erzieherin, geplaudert, bevor sie mit ihrem Söhnchen auf dem Arm, der seine kleinen Beine wie ein Klammeräffchen um ihre Hüften geschlungen hatte, wieder gegangen war. Manchmal war sie mit ihm zu Hause geblieben, und statt dessen hatte der Vater seine Tochter in den Kindergarten gebracht, sie auf der Treppe an den

Armen herumgeschwungen, sich nasereibend, wie die Eskimos es machen, von ihr verabschiedet, um dann zurück zum Wagen zu hasten, bevor die Politesse ihm ein Knöllchen verpassen konnte, und in sein Büro in der Werbeagentur zu fahren.

Aber in letzter Zeit fühlte sich die Mutter einfach zu ungepflegt, um ihr Gesicht schon am frühen Morgen der Welt oder auch nur Miss Rosaleen zu präsentieren, nach der wahnsinnigen Hektik, die sie morgens als Alleinerziehende durchmachte, mit fehlenden Schuhen, verschlabbertem Müsli, von dem Kleinen durchnäßten Pyjamahosen und Bettlaken, mit Lunchpaketen, die sie für beide Kinder machen, mit Ersatzwäsche und Hose, die sie für den Kindergarten einpacken mußte, sauber und gebügelt, wenn ihrem Sohn mal wieder ein Malheur passiert war. Das Haar der Mutter blieb dabei ungekämmt, im Mund blieb der schale Geschmack von der Nacht, und ihre Sorgen warteten geduldig, während sie all ihre Überredungskünste aufbot, damit der Junge seinen Trainingsanzug und ihre Tochter den Mantel anzog, den sie haßte und gegen den sie sich fast jeden Morgen heftig wehrte. Dann stieg die Frau in eine Jeans, streifte sich einen weiten Pullover über ihr Nachthemd und steckte die strumpflosen Füße in das nächstbeste Paar Schuhe.

Wenn sie dann zurück ins Haus kam, sah sie sich in dem großen Spiegel in der Diele: die Haare wie bei einer Hexe und das Make-up vom Vortag um die Augen verschmiert, die sie stumpf wie Steine aus dem Spiegel anblickten. »Sieh dich doch bloß mal an, Caroline«, murmelte sie dann ihrem Spiegelbild zu, »welcher Mann, der halbwegs bei Verstand ist, würde schon mit jemandem wie dir zusammenbleiben wollen?« Dann warf sie ihre Tasche auf die unterste Treppenstufe, stellte die Espressokanne auf die Herdplatte und begann ihren normalen Vormittag. Wie immer mußten nasse Bettlaken gewechselt und Spielsachen repariert und Versprechen gehalten werden, die sie den Kindern gegeben hatte, daß zu Hause kleine Überraschungen und ein Schokoladenkuchen auf sie warteten. Verdammt noch mal, dachte sie oft, was ich brauche, ist eine Frau.

Mit einer Tasse schwarzem Kaffee allein im Badezimmer machte sie sich zurecht. In letzter Zeit brauchte sie immer länger dafür. Mit jedem weiteren Jahr sahen die Regale über dem Waschbecken mehr und mehr nach Apotheke aus, denn die Töpfchen mit Antifaltentagescremes, abschwellenden Augengels, nährstoffreichen Nachtcremes, Lotionen zur Brustfestigung und Hauttonika mehrten sich. Die Zeiten, als schon ein bißchen Nivea genügte, waren ein für allemal vorbei. Manchmal kam es ihr so vor, als ob sie es gerade noch schaffte, die notwendigen Mittelchen aufzutragen, und dann war es auch schon wieder Zeit, die Kinder abzuholen. Zumindest stieg sie beim Abholen aus dem Wagen, ging in den Kindergarten und unterhielt sich mit den anderen Eltern und Miss Rosaleen, sorgsam darauf bedacht, die Ausdruckslosigkeit in ihrer Stimme zu verbergen, bevor sie ihre beiden Kinder wieder in die Kindersitze verstaute und nach Hause fuhr.

Der Morgen ihres sechsten Hochzeitstages, nur drei Monate nachdem Colin ausgezogen war, fing eigentlich wie jeder andere an. Sie hatte die Kinder in den Kindergarten gebracht und war auf dem Rückweg zur Euston Road. Es hatte angefangen zu nieseln, und die tiefhängenden Wolken kündigten drohend heftigeren Regen an. Die Scheibenwischer mußten dringend erneuert werden, sie quietschten über die schmutzige Windschutzscheibe und hinterließen Schlieren. Der Verkehr war zäh, und sie stand an einer roten Ampel, wünschte, das Autoradio wäre nicht gestohlen worden, und sah sich die Reklametafeln an. Links war eine Werbung für Sport-BHs, auf der zwei Schlaufen eines Springseils abgebildet waren. Wenn eine Frau beim Sport nicht diesen speziellen BH trug, mußte sie wohl damit rechnen, daß ihr Busen als traurig hängendes »w« enden würde, wie das Springseil. Sie fragte sich, ob die Reklame auf Colins Mist gewachsen war, zuzutrauen war's ihm.

Sie wünschte, die Ampel würde sich beeilen, damit sie von dem Bild weg und nach Hause kam. Sie hatte allerhand zu tun, bevor sie die Kinder wieder abholte; heute würden acht junge Frauen kommen. Die letzten acht, nachdem sie schon die ganze Woche Vorstellungsgespräche geführt hatte, in denen sich nicht eine einzige von den Bewerberinnen auch nur annähernd als geeignet erwiesen hatte. »Laß heute die Richtige dabeisein«, betete sie zu der vor ihr liegenden Straße.

Die erste kam zu früh, und Caroline konnte schon durchs Schlafzimmerfenster sehen, daß sie den Job nicht kriegen würde. Am liebsten hätte sie ihr gleich zugerufen: »Nein, nein, nein! Sie kommen nicht in Frage. Gehen Sie bitte und ersparen Sie uns beiden die Mühe!«, als sie auf die unscheinbare Gestalt hinabblickte, die, in einen Tweedmantel gehüllt, unter einem durchsichtigen Plastikschirm Schutz suchte. Statt dessen zog sie sich Rock und Strumpfhose an, fand ihre braunen Schuhe und ließ die Frau herein.

»Guten Tag, Mrs. Belman, ich bin Sarah Forrester. Ich komme etwas zu früh, aber ich war schneller hier, als ich gedacht hatte«, erklärte sie mit schwacher Stimme, während sie eine blasse Pfote mit abgekauten Nägeln ausstreckte, damit die ältere Frau sie schüttelte. Caroline führte sie ins Wohnzimmer, schlug die Augen zur Decke und fragte sich, wie schnell sie sie wieder herauskomplimentieren konnte. Während Sarah Forrester sprach, betrachtete Caroline die dünnen Haare und praktischen Lederslipper und erfuhr in einem Nebel von Langeweile und Verzweiflung alles über Sarah Forresters frühere Arbeitsstellen, ihre phantastischen Referenzen, ihre Kochkünste und ihre Abschlußnote in Geographie. Sie rang sich ein paar Fragen über ihre Herkunft und Hobbys ab, wünschte sich aber nichts sehnlicher, als daß Sarah Forrester endlich verschwand.

Die nächste Bewerberin war noch schlimmer. Sie hatte offensichtlich bei der Altersangabe in ihrem Lebenslauf gelogen und war bestimmt keinen Tag jünger als fünfunddreißig. Sie trug ein billig wirkendes blaßblaues Viskosekostüm, das über den breiten Hüften spannte, und auf den Lippen und an zwei Schneidezähnen hatte sie sehr viel rosa Lippenstift, der den Rand ihrer Kaffeetasse verschmierte. Caroline konnte die biologische Uhr der Frau förmlich ticken hören, trotz deren schüchtern gekicherter Beteuerung, sie habe einen »festen Freund, wirklich ein ganz lieber Typ, aber für die nächsten Jahre gibt's definitiv keine Heiratspläne.«

Dann kamen eine junge Frau mit einem borstigen

hellen Schnurrbart und kleinen blauen Schweinsaugen und eine weitere mit hohen weißen Pumps und Heftpflaster an den Fersen und einem Topf Vaseline, mit der sie sich die nackten Beine einrieb, bevor sie wieder hinaus in den Regen Richtung U-Bahn verschwand.

Die nächste Bewerberin tauchte gar nicht erst auf, und Caroline seufzte erleichtert. Die richtige für den Job zu finden war offenbar sehr viel schwerer, als sie gedacht hatte, und in dieser Angelegenheit wollte sie sich nicht an eine Agentur wenden, abgesehen davon, daß es ein wenig peinlich werden könnte, genau anzugeben, was für Vorstellungen sie hatte. Bestimmt hätte Colin inzwischen längst die Richtige gefunden: Sie war überzeugt davon, daß er sich in der Werbeagentur vor jungen Frauen nicht retten konnte, die genauso waren wie die, die sie suchte. Er hatte ja schließlich auch Sky eingestellt, die vollkommene Verkörperung all dessen, was Caroline nicht war. Sky war es, die ihr den Mann weggeschnappt hatte, ihn geködert hatte mit ihrer glänzenden blonden Mähne, ihren Rassebeinen und – wie Caroline bei einem Abendessen miterlebt hatte, bevor sie von der Affäre erfuhr – mit ihrem unbeschwerten Mädchenlachen über seine Witze. Natürlich glaubte Colin, daß seine neue Liebste etwas absolut Einmaliges war, aber Caroline war sicher, daß es da draußen von Frauen wie Sky nur so wimmelte. Frauen, deren Busen nicht wie ein schlaffes Springseil war, Frauen, deren jugendliches Gesicht auch ohne Zuhilfenahme von Cremes und Gels strahlte, Frauen, die es nicht nötig hatten, sich Schönheit zu kaufen, auf solche leisen Werbesprüche zu vertrauen, wie Colin und sein Team sie sich für Produkte ausdachten, die Frauen in den unwiderruflich mittleren Jahren versprachen, ihre Haut wieder jung zu machen.

Caroline stand am offenen Kühlschrank und aß etwas zu Mittag, löffelte Tarama mit einem Stück Weißbrot direkt aus der Dose und tunkte die vom letzten Sonntag übriggebliebenen Bratkartoffeln in einen Topf mit kalter Bratensoße. Es versetzte ihr einen Stich, als ihr wieder einfiel, daß heute ihr Hochzeitstag war. Eigentlich müßte sie jetzt mit Colin in einem schicken Restaurant zu Mittag essen. Wenn Sky nicht wäre, läge der Chablis jetzt auf Eis, der Ober würde unterwürfig ihre Bestellung entgegennehmen. Wenn Sky nicht wäre, ständen jetzt in der großen Vase auf dem Klavier ein Dutzend langstielige Rosen, und sie würde sich darauf freuen, heute abend mit ihrem Mann zu schlafen.

Es war ihr Hochzeitstag, und sie hätte Colin fast eine Karte geschickt, um Sky zu ärgern; aber bei der Vorstellung, wie Colin fassungslos den Kopf schüttelte, wenn er den Umschlag öffnete, und sich dann zusammen mit der eleganten Sky über ihr »irrationales Verhalten« empörte, gewann ihr gesunder Menschenverstand doch die Oberhand.

Caroline wußte nicht genau, wann ihr Mann untreu geworden war, aber sie vermutete, daß es nach der Geburt ihres Sohnes gewesen war, und zwar früher, als Colin zugab. Dabei hatte doch alles so vollkommen gewirkt: Der Kredit, den sie für das Haus aufgenommen hatten, war endlich keine große Belastung mehr, Kate, ihre Tochter, legte die Wortgewandtheit ihres Vaters an den Tag und hatte die großen braunen Augen ihrer Mutter, die großen braunen Augen, die Colin, wie er behauptete, immer wieder schwach werden ließen. Der Apfelbaum, den sie anläßlich von Kates Geburt im Garten gepflanzt hatten, trug zum erstenmal Früchte, und ihr neugeborener Sohn hatte die Kolik überstanden, die sie beide an den Rand des Nervenzusammenbruchs gebracht hatte, und schlief jetzt wieder durch. Caroline verlor allmählich das Gewicht, das sie während der letzten Schwangerschaft zugelegt hatte. Zugegeben, sie schliefen zwar noch immer eher selten zusammen, aber Colin schien Verständnis dafür zu haben, daß das sexuelle Verlangen einer Frau durch das Stillen und die damit verbundene hormonelle Beanspruchung enorm gedämpft wurde. Natürlich, hätte sie damals gewußt, was sie heute wußte, sie hätte etwas dagegen unternommen, vielleicht sogar das Baby früher entwöhnt.

»Ach, sei nicht so eine alberne Kuh«, rief sie sich zur Räson, »natürlich mußte das Baby an erster Stelle kommen.« Aber sie setzte die Kinder jetzt auch nicht an die erste Stelle, und das wußte sie.

»Hören Sie, ich möchte eins von Anfang an klarstellen«, sagte die nächste Bewerberin noch an der Tür, »ich bin nur dann an dem Job interessiert, wenn ich ein Auto zur Verfügung gestellt bekomme, also sagen Sie es mir bitte gleich, wenn das nicht möglich ist.« Caroline hatte zwar keine Ahnung, wie sie ein zweites Auto finanzieren sollte, dachte aber, als sie die junge Frau genauer in Augenschein nahm, wie sie da auf der Sofakante saß, die hübschen Beine leicht schräg gestellt und mit Pumps an den Füßen, daß sich Colin bestimmt dazu überreden ließe, für einen Wagen aufzukommen. »Wenn Sie die richtige für den Job sind, bin ich sicher, daß sich da was machen läßt«, sagte sie. Die Frau hatte zwar Erfahrung, war aber offenbar nur ungern bereit, über ihre letzte Anstellung zu sprechen, und sagte nur, sie habe in einer Familie in Frankreich gearbeitet und es habe »mit dem Mann meiner Arbeitgeberin ein paar Probleme gegeben, wenn Sie verstehen, was ich meine.«

Caroline dachte, daß sie genau verstand, was die junge Frau meinte, als sie sie noch eingehender musterte und die beerenrotglänzenden Lippen bewunderte, so prall wie Satinkissen, die fließende Eleganz des langen weißen Halses und die rosa Zunge, die in den Winkel des wunderbaren Mundes huschte, bevor sie mit karamelweicher Stimme sagte: »Ich weiß, ich habe auf dem Gebiet nicht soviel Erfahrung wie manche andere, aber ich habe mich viel um meine jüngeren Brüder und Schwestern gekümmert, bevor ich dann Vollzeit-Model wurde.«

»Und Sie arbeiten nicht mehr als Model?« fragte Caroline, erstaunt, daß so eine Frau ihr überhaupt gegenübersaß, um sich für den Job zu bewerben.

»Nein, ich war es leid, mein Geld damit zu verdienen, mich schick anzuziehen«, sagte sie. »Es wird Zeit, daß ich was Befriedigenderes mache. So toll ist Model sein nämlich auch wieder nicht.«

Sie war die Richtige, ohne jeden Zweifel, dachte Caroline. Sie war perfekt, wie die »Nachher«-Fotos in den Broschüren von Schönheitschirurgen. Die ganze Mimik der Frau, der Schmollmund, die Neigung des Kopfes und der kokette Blick waren eindeutig voller Erotik. Ihr Gesicht war ein sanftes Oval, das von weichen, lockigen, kastanienbraunen Haaren umrahmt wurde, die ihr bis über die Schultern fielen. Die Augen waren leicht schräg gestellt, grün wie bei einer Katze, mit dichten Wimpern unter geschwungenen Brauen.

»Also, Sophia«, sagte Caroline mit einem warmen Lächeln, »ich würde Ihnen den Job gern anbieten. Natürlich muß mein Mann mit entscheiden; er wohnt zwar nicht mehr hier, wie ich bereits am Telefon gesagt habe, aber Sie werden auch mit ihm zu tun haben, wenn er mit den Kindern verreist, deshalb habe ich ihm versprochen, daß er sich von dem zukünftigen Kindermädchen selbst ein Bild machen kann – aber ganz sicher wird auch er der Meinung sein, daß Sie die richtige für den Job sind.« Sophia strahlte und war einverstanden, am folgenden Nachmittag wiederzukommen, um sich bei Colin vorzustellen und die Einzelheiten ihrer Anstellung zu besprechen.

Caroline goß sich ein Glas von dem Chablis ein, den sie selbst gekauft hatte, um sich an ihrem einsamen Hochzeitstag zu betrinken. Zum erstenmal seit dem Tag, an dem sie von Colins Leidenschaft für diese entsetzliche Sky erfahren hatte, war sie sogar regelrecht glücklich. Sie hatte seitdem Rachepläne geschmiedet: Das war im Grunde das einzige, das sie aufrechterhielt, wenn sie nachts in Schweiß gebadet aufwachte und nicht mehr einschlafen konnte, wenn die Kinder nach dem Vater jammerten, der ihnen – mitsamt seinen Gutenachtgeschichten – so skrupellos von einer Frau gestohlen worden war, die einen unglaublich albernen Namen hatte und der sie nie begegnet waren. Natürlich wollte sie Colin zurück, aber da kaum damit zu rechnen war (»Versteh doch, Caroline«, sagte er, als er ging, »das hat nichts mit Sky zu tun«), wollte sie verdammt sein, wenn die für ihr Unglück Verantwortliche ihn behalten sollte.

Es ist eine Sache, einen Mann zu haben, der Ehebruch begeht, aber eine ganz andere, mit ansehen zu müssen, daß die eigenen Kinder der anderen Frau freudig, und unter Umständen auch noch im Zweierpack, um den Hals fallen. Und auch diese Vorstellung stachelte sie an. »Damit würdest du bloß Salz in die Wunde reiben«, sagte sie zu Colin, bemüht, bei einem ihrer kurzen Telefonate mit ihm die Tränen niederzukämpfen. Er mußte ihr versprechen, daß die Kinder seine neue Freundin nicht kennenlernten, zumindest nicht schon kurz nach der Trennung. »Wahrscheinlich hast du recht«, räumte er ein. »Es könnte sie zu diesem Zeitpunkt noch zu sehr durcheinanderbringen, aber irgendwann wirst du dich damit abfinden müssen. Sky ist wirklich furchtbar lieb mit Kindern.«

Zweimal die Woche kam Colin die Kinder nach dem Kindergarten zu Hause besuchen, aber niemals am Wochenende, weil er dann mit Sky unterwegs war, nach Paris oder Rom flog oder einfach ihre Eltern in deren Herrenhaus aus dem achtzehnten Jahrhundert in Buckinghamshire besuchte.

»Daddy hat gesagt, wir kriegen irgendwann vielleicht noch ein Brüderchen oder Schwesterchen«, sagte Kate aufgeregt, als Caroline sie nach einem seiner Besuche ins Bett brachte. »Heißt das, du hast wieder ein Baby in deinem Bauch, Mummy?«

Caroline rang nach Worten, während in ihrem Mund eine wahre Salzwasserflut anstieg. Sie drückte ihre Tochter, das Gesicht in das Haar des kleinen Mädchens gepreßt, schluckte ihr Elend hinunter und kämpfte dagegen an, vor ihnen in Tränen auszubrechen, wie sie es immer tat, seit Colin nicht mehr da war. Schließlich blickte sie in Kates große, erwartungsvolle Augen und flüsterte: »Schlaf jetzt, Püppchen. Das ist alles nicht so leicht oder einfach, aber du kannst doch wirklich froh sein, daß du schon so ein süßes Brüderchen hast.«

Und sie küßte sie auf die Stirn und verließ das Zimmer.

»Wieso machst du dir eigentlich soviel Mühe?« fauchte Caroline sich selbst vor dem Badezimmerspiegel an, während sie in Erwartung von Colins Besuch auf die Falten um die Augen ein Licht zerstreuendes, dem Alter trotzendes Make-up auftrug.

»Als hättest du auch nur den Hauch einer Chance gegen eine sexy Frau, die halb so alt ist wie du«, schimpfte sie weiter, während sie sich mit der Präzision einer Miniaturenmalerin Farbe auf die Lippen pinselte. Colin würde in anderthalb Stunden da sein, um Sophia kennenzulernen, um seinen Genehmigungsstempel auf die Ware zu drücken, für die er bezahlen würde, dachte Caroline und sprühte sich Hals und Handgelenke mit Eau de toilette ein.

Sie hatte immer dieses flaue Gefühl im Magen, wenn Colin kam. Natürlich malte sie sich im Geiste aus, daß er eines Tages in ihr wieder die schöne junge Frau sehen würde, deretwegen er dreimal auf die Knie gehen mußte, bevor sie seinen Heiratsantrag annahm. Wie sehr sie sich doch jedesmal selbst verabscheute, wenn er die Kinder besuchen kommen wollte. Wie, so fragte sie sich, während sie sich die Nägel polierte, bis sie glänzten, konnte sie einem Mann so sklavisch verfallen sein, der nicht nur zu ihr, sondern auch zu den Kindern, die sie ihm geboren hatte, so grausam gewesen war? Doch trotz ihrer Selbstvorwürfe zog sie sich das lange pistazienfarbene Kleid an, das sie in ihren Flitterwochen getragen hatte. Sie trug noch immer ihren Ehering, und seit Colin gegangen war, auch noch den Smaragdring und die Südseeperlenohrringe, die er ihr vor so vielen Jahren gekauft hatte.

»Daddy kommt. Daddy kommt«, sang Kate, als sie aus dem Kindergarten kamen. »Wann kommt Daddy? *Kommt* Daddy?« fragte sie immer wieder, um sich jedesmal von Caroline versichern zu lassen, daß er wirklich bald da sein würde, während sie sie zugleich überredete, sich ein hübsches Kleid mit einem rosabestickten Oberteil anzuziehen.

»Bringt Daddy vielleicht ein neues Spielzeug mit?« fügte der dreijährige Ben hoffnungsvoll hinzu, seinen Wunsch als Frage formulierend.

»Daddy kommt. Wann kommt Daddy nach Hause?« fragte Kate, bewußt zweideutig. Caroline fing an, weiße Lilien und dunkelroten Rittersporn in der grünen Keramikvase zu arrangieren, der Lieblingsvase von Colins Mutter, als sie noch lebte.

»Daddy«, kreischten Kate und Ben wie aus einem Munde, als sie seine Silhouette hinter der Milchglasscheibe der Haustür sahen. Caroline öffnete die Tür und sprach ihre Begrüßung ins Leere, da Colin sich auf die Größe von Vierjährigen gebückt hatte, als sie ihn hereinließ. Ohne ein Wort warf Kate sich ihm in die Arme, rieb ihre Nase an seiner und quietschte fröhlich. Ben umklammerte Carolines Bein und sagte immer wieder mit seiner heiseren Kleiner-Junge-Stimme:

»Daddy, Daddy, Daddy, Daddy«, wie ein Mantra. Als Caroline voraus in die Küche ging, bemerkte sie entnervt, daß Ben ihr das pistazienfarbene Kleid vorne mit seinem Erdnußbuttersandwich vollgeschmiert hatte.

Während sie die Erdnußbutterflecken mit einem Geschirrtuch bearbeitete, fiel ihr zu allem Übel auf, daß Colin einen neuen italienischen Leinenanzug und einen Eintagesbart trug, der gut zu seinem markanten Gesicht paßte. Er sah schon nicht mehr wie ihr Mann aus, sondern eher wie die Sorte Mann, den er als Fahrer eines schicken Coupés für einen seiner Fernsehspots engagieren würde. Oder wie der melancholische Held einer Hemdenreklame in einer Modezeitschrift, an dessen Schulter sich eine fernöstliche Schönheit lehnt. Caroline fragte sich schon fast, ob es auch normal war, daß die Kinder nun ganz selbstverständlich bei diesem schnieken Fremden auf den Knien saßen. Das männliche Model reichte ihr jetzt eine Packung grünen Tee.

»Ich trinke zwar keinen Tee und Kaffee mehr, aber das Zeug hier ist sehr erfrischend«, sagte er zu ihr. »Trink doch eine Tasse, ist wunderbar entschlackend.«

Ja, Rizinusöl auch, dachte Caroline, als sie gehorsam Wasser aufsetzte.

Sophia kam fünf Minuten später. Sie trug ein kurzes, glattes, silberbeigefarbenes Kaschmirkleid mit einem breiten schokoladenbraunen Wildledergürtel, der ihre schlanke Taille betonte, und dazu passende hohe, weiche Wildlederstiefel. Geschmeidig wie eine Siamkatze kam sie in die Küche. Colin stand auf und lächelte mit einer neuen Schüchternheit, als Sophia ihm die Hand gab, und dann ging sie in die Hocke, um die Kinder zu begrüßen.

»Das ist also Kate«, sagte sie zu dem kleinen Mädchen mit den großen Augen, und dann nahm sie die Hände des kleinen Jungen und sagte: »Und du mußt Ben sein. Ich habe von eurer Mum schon so viel über euch beide gehört.«

Auch Colin ging in die Hocke. »Sagt guten Tag zu Sophia«, drängte er seine beiden Kinder.

»Trinken Sie auch einen grünen Tee, Sophia, oder möchten Sie lieber einen Kaffee«, fragte Caroline, während Ben ihre Beine umklammerte, um sie als Schutzschild zu verwenden, hinter dem hervor er die exotische Fremde beäugte.

»Ich liebe grünen Tee«, erwiderte die junge Frau, setzte sich an den Küchentisch und strahlte Caroline mit einem breiten Lächeln an, während die mit der Teekanne hantierte und Teeblätter einfüllte.

»Wie wär's, wenn ihr Sophia eure Zimmer zeigt, solange der Tee zieht?« schlug Caroline den Kindern froh vor. Kate mußte nicht weiter gedrängt werden, denn sie nahm Sophia prompt an der Hand und versuchte, sie aus der Küche zu ziehen. Ben blieb stehen, wo er war, mit rotem Gesicht und wie festgewachsen.

»Na los, Ben«, ermunterte Caroline ihren Sohn. »Zeig Sophia deine Batman-Figuren.«

»Kann nicht«, sagte Ben traurig, »Hose naß.«

»Ach, Benny, nicht schon wieder«, seufzte seine Mutter.

»Ist nicht schlimm, Ben«, sagte Sophia, »komm, zeig mir, wo deine Sachen sind, dann ziehen wir dir frische an. Ich wette, du hast einen tollen Mickey-Mouse-Pyjama, den du anziehen kannst.«

»Woher weiß sie das denn?« fragte Ben mit runden

Augen, als er mit seiner Schwester und Sophia aus der Küche trottete.

»Also, Colin, ich habe mit Gott weiß wie vielen Bewerberinnen gesprochen, und sie ist mit Abstand die beste.«

»Ja«, sagte Colin und lockerte seine Krawatte, »sie scheint sehr nett zu sein, aber bist du sicher, daß sie wirklich als Kindermädchen arbeiten will?«

»Ja doch, ich habe sie deswegen richtig ausgequetscht, ich bin ja schließlich kein Vollidiot«, versicherte Caroline ihm gereizt. »Sie ist ganz verrückt nach Kindern, aber keine Bange, sie will noch keine eigenen. Sie sucht einfach eine Stelle mit Unterkunft bei einer netten Familie, um ihr Englischstudium an der Fernuni zu finanzieren. Wenn alles glattgeht, könnte sie mindestens drei Jahre bei uns bleiben, was den Kindern eine gewisse Stabilität geben würde – zumal du ja nicht mehr hier bist.«

Colin versuchte ein gespielt gleichgültiges Achselzucken, aber seine Augen verrieten ihn. »Wenn die Kinder sie mögen«, sagte er vorsichtig, »und Kate ist ja offensichtlich bereits ganz hin und weg von ihr, dann von mir aus. Hast du mit ihr über ihr Gehalt gesprochen, oder soll ich das machen?«

»Na ja, du hast dich schließlich bereit erklärt, das Kindermädchen zu bezahlen, also überlasse ich das wohl am besten dir«, erwiderte Caroline. »Aber eins solltest du wissen: Alle Bewerberinnen, mit denen ich gesprochen habe, haben auf einem eigenen Auto bestanden, und ich bin ziemlich sicher, daß es bei Sophia nicht anders sein wird. Ich weiß, daß sie in ihrem letzten Job eins hatte.«

Colin sah verblüfft aus, und sie fuhr fort: »Zugegeben, es klingt ziemlich unverschämt, aber das scheint heutzutage normal zu sein.«

»Kann sie nicht deinen Wagen mit benutzen?« Colin bedachte sie mit seinem Gescheiter-Mann-spricht-mit-Schwachsinniger-Blick. Mit ebendiesem nachsichtigen Blick, an den Caroline sich seit ihrer ersten Schwangerschaft so gewöhnt hatte, daß sie ihn gar nicht mehr bemerkt hatte. Sie bemerkte ihn jetzt, und er ärgerte sie. »Ja, klar. Das würde aber doch wohl unsere eigentlichen Pläne durchkreuzen. Ich dachte, wir wollten ein Kindermädchen, damit ich wieder berufstätig sein kann. Wie soll das gehen, wenn das Kindermädchen den Wagen hat?« sagte sie barsch. »Sei doch nicht so schwer von Begriff!«

Sophia und die Kinder kamen zurück in die Küche.

»Ich muß unbedingt meine Mutter fragen, ob sie noch alle meine Barbiepuppen hat«, gluckste Sophia, als sie wieder Platz genommen hatte, mit Kate auf den Knien, die den weichen Ärmel des Siamkatzenkleides streichelte. »Ich glaube, hier gibt es jemanden, der gern damit spielen würde.«

Kate strahlte selig. Caroline goß den grünen Tee ein. Sie fand ihn bitter, aber Colin und Sophia tranken ihn genüßlich, während sie über Sophias Arbeit als Model sprachen und feststellten, daß er den einen oder anderen Fotografen kannte, mit dem sie gearbeitet hatte.

Colin sah auf seine Uhr.

»Mist«, sagte er. »Ich muß gehen. Ich bin in zehn Minuten am Kino auf der Kings Road verabredet.« (Caroline fiel auf, daß er keinen Namen nannte, aber sie wußte, daß es Sky war.)

»Wenn es dir recht ist, komme ich Dienstag nach der Arbeit vorbei und besuche die Kinder.«

Er sagte das zu Caroline, blickte aber an ihr vorbei, durch die Terrassentür, auf Sophia, die mit Kate und Ben auf dem Rasen Gänseblümchen pflückte. Er ging zu ihnen in den Garten und verabschiedete sich von den Kindern mit einem Kuß. »Ich komme am Dienstag wieder«, versprach er ihnen. »Ich hoffe, ich sehe Sie dann auch, Sophia. Sie haben doch dann bestimmt schon bei uns angefangen, oder?«

Er sah aus wie eine Katze, die von der Sahne genascht hat, als Caroline ihn zur Haustür brachte.

»Ich bin sicher, daß ich für Sophia einen Wagen auftreiben kann«, schnurrte er, als sie ihm die Tür aufhielt.

»Sky hat dieses Jahr Anspruch auf einen neuen Firmenwagen, und es dürfte kein Problem sein, die Sache zu beschleunigen und ihren alten aufzukaufen.« Und damit drehte er sich um und ging.

»Dann also bis nächsten Dienstag«, rief Caroline dem Rücken seines italienischen Leinenjacketts zu, als er den Weg hinunterging.

Er rief am späten Abend an und weckte Caroline, die vor dem Fernseher eingeschlafen war.

»Wie war der Film?« fragte sie.

»Nicht besonders«, sagte er mit so leiser Stimme, daß sie kaum mehr als ein Flüstern war. »Ich rufe an, weil ich dich daran erinnern wollte, daß wir noch jede Menge Möbel von meiner Mutter auf Lager haben. Falls du's vergessen hast.«

»Nein, ich weiß. Ich habe hier irgendwo auch noch eine Liste«, erwiderte Caroline, verwundert, aber erfreut, daß die Tonhöhe seiner Stimme Sky von dem ausschloß, was er ihr sagen wollte, was immer das auch sein mochte.

»Na ja, ich habe bloß so überlegt«, sagte Colin, »das Gästezimmer ist etwas spartanisch eingerichtet, und ich dachte, vielleicht würde es dich ja freuen, wenn ich die kleine geschnitzte Frisierkommode und das Bett aus Walnußholz zu dir rüberbringen lasse, bevor dein neues Kindermädchen am Montag anfängt. War nur so ein Gedanke, aber sag mir Bescheid, falls du die Sachen haben möchtest«, sagte er halb flüsternd, so ganz nebenbei.

»Blöder Mistkerl«, sagte Caroline, als sie den Hörer auflegte, aber mit einem traurigen Lächeln.

Wie sich jedoch ein paar Tage später herausstellte, brachte Sophia schöne eigene Dinge mit, um das kleine Zimmer oben im Haus etwas fröhlicher zu gestalten. Über dem Bett lag nun ausgebreitet eine goldene Tagesdecke aus Seide mit Quasten, und fünf verschiedene Sorten Orchideen in mit mexikanischen Ornamenten bemalten Töpfen standen auf dem kleinen Tischchen und der Kommode. Viele neue Bilder hingen an der Wand, darunter ein großes Aquarell, das, wie Sophia sagte, ihr Vater gemalt hatte und sie auf einem Lavendelfeld liegend zeigte. Sie hatte tatsächlich Wort gehalten und ihre alten Puppen und eine erstaunliche Garderobe an Barbieklamotten ausgegraben, die sie Kate in einer duftenden chinesischen Zederntruhe zum Spielen überreichte.

Die Kinder waren jetzt oben in Sophias Zimmer und halfen ihr beim Auspacken, während Caroline sich in einem dampfenden Bad mit Ylang-Ylang- und Kamillenöl aalte, ein Geschenk von Sophia.

»Ich finde, Sie haben wirklich mal eine köstliche Erholungskur verdient, nehmen Sie von jedem Öl fünf Tropfen, na los, probieren Sie's gleich jetzt«, drängte sie, als sie ihr die kleinen blauen Glasfläschchen reichte.

Am nächsten Tag konnte Caroline zum erstenmal seit langem länger im Bett bleiben, während Sophia die Kinder anzog, ihnen das Frühstück machte und sie zum Kindergarten brachte. Sie rekelte sich im Bett, genoß den Luxus, zwischen Traum und Realität hin und her zu treiben; eben lag sie noch ausgestreckt in einem Lavendelfeld, im nächsten Moment saß sie hinter Sky in einem Bus mit einer Schere und schnitt ihr hinten die Haare ab, und dann kam sie schließlich zu sich und sah, daß es fünf nach zehn war und sie ihren Termin beim Friseur verpassen würde, wenn sie nicht bald aufstand. Caroline war nicht mehr beim Friseur gewesen, seit Colin sie verlassen hatte. Sophia hatte ihr eine Hennatönung empfohlen.

»Glauben Sie mir«, hatte sie gesagt. »Sie würden wunderschön aussehen, wenn der Rotschimmer in Ihrem Haar etwas mehr zur Geltung kommt.«

Und genau diesen Wunsch äußerte Caroline dann auch, als sie bei Olivier Michel, dem kleinen Salon in West London, den Sophia empfohlen hatte, einen Termin vereinbarte.

»Ich mache noch einen kleinen Einkaufsbummel, wenn ich beim Friseur war. Vergessen Sie nicht, daß Colin heute die Kinder besuchen kommt, aber bis dahin müßte ich eigentlich zurück sein«, sagte Caroline, als sie sich von Sophia verabschiedete, die gerade die Töpfchen mit eingetrockneter Farbe und hartgewordenen Pinseln aus dem Malschrank der Kinder ausrangierte.

»Aber kaufen Sie sich ja etwas, das schön zu Ihrer neuen Frisur paßt«, sagte Sophia. »Bei Brown gibt es tolle Klamotten von Jasper Conran. Die müssen Sie aber anprobieren, auf dem Bügel sehen die nämlich nach nichts aus.«

Caroline, die eigentlich fand, daß Kleidungsstücke auf dem Bügel immer besser aussahen als an ihr, beschloß, daß sie genau das tun würde. In der Umkleidekabine bei Brown mühte Caroline sich aus ihren Sachen, beäugte entsetzt, wie die Träger ihres BHs sich in das unerwünschte Fleisch gruben, das sich auf ihrem Rücken angesammelt hatte, nahm ihr Gesäß in Augenschein, das nach ihrem Dafürhalten viel zu dick war, eingeengt durch einen großen, grau werdenden Schlüpfer von Marks and Spencers und den Gummizug ihrer Strumpfhose. Sie streifte sich eine dunkelgrüne Samtjacke über, dazu einen passenden kurzen Rock, und trat schüchtern aus der Kabine vor den großen Spiegel.

»Das steht Ihnen phantastisch«, sagte eine andere Kundin, eine Frau, die zehn Jahre jünger war, schlank, in Jeans und einem schwarzen T-Shirt, »wo haben Sie das gefunden, das muß ich unbedingt auch anprobieren.« Caroline mußte zugeben, daß ihr gefiel, was sie sah, während sie sich vor dem Spiegel drehte. Ihr Haar mit Hennasträhnchen schimmerte sanft, und die neue Frisur umrahmte vorteilhaft ihr Gesicht. Der dunkelgrüne Samt paßte zu ihrem blassen Teint, und der

Schnitt des Rockes betonte ihre Beine, die schon immer das Beste an ihr gewesen waren.

»Ich behalte die Sachen gleich an; machen Sie mir doch bitte die Sicherheitsetiketten ab«, bat Caroline die Verkäuferin und gab ihr die Klamotten, die sie angehabt hatte, wie alte Lumpen zum Zusammenpacken.

Als Caroline nach Hause kam, parkte in der kleinen Vorortstraße vor dem Haus ein leuchtendroter Golf GTI, den sie noch nie gesehen hatte. In der Straße standen normalerweise nur familienfreundliche Volvos oder Firmenwagen von BMW, und der rote Wagen wirkte merkwürdig fehl am Platze.

»Hi«, sagte Sophia, als Caroline ins Haus geeilt kam, jetzt noch schüchterner wegen ihrer neuen Sachen und Haare. »Sie haben Colin knapp verpaßt. Er hat den Wagen gebracht. Ich muß sagen, ein wahres Prachtstück. Haben Sie ihn gesehen?«

Caroline sagte, sie sei froh, daß Colin ihn so schnell besorgen konnte. Er hatte Sophia Geld gegeben, um für den neuen Wagen Kindersitze zu kaufen, und wollte später wiederkommen, um Kate und Ben zu besuchen.

»Wie aufmerksam«, sagte Caroline.

»Mummy, du siehst aus wie die Leute im Fernsehen«, rief Kate, als Sophia mit den Kindern vom Kindergarten nach Hause kam.

»Sieht sie nicht wunderschön aus, Ben?« half Sophia ihm auf die Sprünge, als sie die Mäntel der Kinder aufhängte und ihre neue Arbeitgeberin zufrieden anlächelte.

»Sophias roter Wagen ist echt schnell. Brummm, brumm«, sagte Ben.

Als Colin kam, brachte er ein Töpfchen mit einer neuen französischen Antifaltencreme mit, für die seine Firma den Werbeauftrag erhalten hatte.

»Hier, für dich, Caroline. Ich dachte, sie gefällt dir vielleicht«, sagte er und reichte ihr die Creme, als wäre sie ein heiliges Sakrament. Caroline bemerkte Sophias entsetztes Gesicht, und dann drehte Colin sich um und sagte: »Ich hätte Ihnen auch welche mitgebracht, aber ich glaube, Sie brauchen noch keine.«

»Ehrlich gesagt, glaube ich auch nicht, daß Caroline welche braucht«, konterte sie, »sie hat einen wunderbaren Teint.«

Colin lachte nervös. »Jaja, stimmt schon. Äh. War nur als kleiner Verbrauchertest gedacht. Sollte keine Beleidigung sein. Also, wo haben sich die kleinen Teufel versteckt?«

Die Kinder waren in Sophias Zimmer und verkleideten sich, Kate als Prinzessin in einem von Sophias Satinunterröcken und Ben als Pirat in einem ihrer langen, gestreiften T-Shirts. Sophia ging nach oben, um sie zu holen, und Colin übergab Caroline eine Flasche Sancerre und fragte, ob er zum Abendessen bleiben könne.

»Ich hatte schon lange keine Gelegenheit mehr, die Kleinen ins Bett zu bringen, nicht?« erklärte er, nervös wie ein Teenager bei seinem ersten Rendezvous.

Sophia und Caroline kochten zusammen, schnitten Zucchini, Zwiebeln und Tomaten für das Ratatouille zu den gebratenen Hähnchenbrustfilets, die im Backofen goldbraun wurden. Colin schnupperte anerkennend, als er in die Küche kam, nachdem er den Kindern vorgelesen hatte, öffnete die Flasche gekühlten Sancerre und füllte drei Gläser.

»Auf die Kinder und ihr neues Kindermädchen und auf eine glückliche Zukunft«, sagte er, während er sein Glas hob und zunächst mit Caroline und dann mit Sophia anstieß. Er saß zwischen den beiden Frauen, aß Hähnchenbrust, wie ein König in seinem Schloß, zu Hause, als wäre er nie gegangen.

»Ich habe mir was überlegt, Caroline«, sagte er zwischen zwei Bissen, »du hast doch nächsten Samstag Geburtstag, wie wär's, wenn ich dir die Kinder übers Wochenende abnehme?«

Caroline hätte ihm seinen Text vorlesen können, noch bevor er überhaupt den Mund aufmachte. Wie sie ihn dafür haßte.

»Ich weiß nicht...«, sagte sie zögernd, nippte an ihrem Wein und sah so aus, als würde sie noch einige Gläser trinken, bevor der Abend um war.

»Oh, mach dir wegen Sky keine Gedanken«, sagte er, während er Caroline nachschenkte. »Ich halte mein Versprechen. Sky wird nicht da sein. Sie muß übers Wochenende zu ihren Eltern. Ein betagter Onkel von ihr hat Geburtstag.«

»Na ja, die Kinder würden bestimmt gern mal sehen, wo du wohnst«, sagte Caroline und fixierte das randvolle Glas vor sich. »Aber ich finde, Sophia sollte sie begleiten. Ich glaube, es ist wichtig, daß sie in der fremden Umgebung eine vertraute Bezugsperson haben, und mir wäre sehr viel wohler, wenn sie bei ihnen bleibt.«

So, jetzt war es raus. Sie war traurig. Sie fühlte sich niederträchtig. Der Plan, den sie ausgeheckt hatte, ging auf. Der Teil von ihr, der Colin noch immer liebte, hätte am liebsten halt geschrien, doch der Teil, der ihn haßte – und vor allem der Teil, der Sky haßte – war stärker. Die kalte Boshaftigkeit in ihrem Kopf gewann die Oberhand über die warme schmerzliche Wehmut in ihrem Herzen, während sie bei dem letzten Rest Wein die Einzelheiten klärten.

Später im Bett mußte Caroline weinen, als sie sich die möglichen Folgen ihres ausgeklügelten Planes ausmalte: Colin mit seinen Händen in Sophias kastanienbraunem Haar, wie er sie langsam auszog, sich an ihrem sinnlichen Körper ergötzte, ihr ins Ohr flüsterte. Sie konnte hören, wie Sophia keuchte und Colin stöhnte, wie sie beide atemlos aufs Bett fielen, Sophias lange Beine um seinen Hals, seine Hände auf ihren Brüsten ...

»Aufhören, aufhören«, schrie sie. Aber sie konnte nicht aufhören – und somit konnten auch die beiden nicht –, und die Gluthitze von Colins und Sophias Leidenschaft begleitete sie die ganze lange, schlaflose Nacht hindurch.

In den folgenden Tagen dachte sie mehrmals daran, die Kinder doch nicht übers Wochenende mit Sophia zu Colin zu schicken, doch dann mußte sie an Sky denken, daran, daß Colin zu Kate gesagt hatte, sie und Ben würden vielleicht noch ein Brüderchen oder Schwesterchen bekommen, sie mußte daran denken, daß Sky zweimal bei ihnen zu Hause zu Abend gegessen und wahrscheinlich die ganze Zeit über ihren Fuß zwischen Colins Beinen gehabt hatte, ohne daß sie, Caroline, etwas davon gemerkt hatte, die perfekte Managerfrau, die geglaubt hatte, ihre Ehe sei unantastbar. Sie hatte sogar zu Colin gesagt, wie hübsch und intelligent sie seine neue Assistentin fand.

Am Samstag morgen war sie entschlossen und resigniert zugleich. Sophia brachte ihr den Tee ans Bett. Die Kinder kamen herein und sangen Happy Birthday. Sie drückte sie und bedankte sich für die Bilder, die sie gemalt hatten und die Sophia als Überraschung gerahmt hatte. Dann reichte Sophia ihr ein Päckchen mit einer kunstvollen goldenen Schleife, das in weißes Papier eingeschlagen war, auf dem goldene Cherubinen Laute spielten.

»Ich kümmere mich rasch darum, daß die Kinder ihre Mäntel anziehen, aber ich möchte, daß Sie das Geschenk auspacken und es anprobieren, bevor wir gehen«, sagte sie, wobei sie Caroline mit ihren schrägen Katzenaugen ansah.

Caroline löste die Schleife und fand in dem Papier eine glatte, dicke Pappschachtel. Darin lag, eingepackt in rosa Seidenpapier, das schönste Spitzenunterkleid, das Caroline je gesehen hatte. Es war aus austernfarbener Seide und am Rand mit zarter muschelrosa Spitze verziert und übertraf alles, was Caroline je in ihrem Leben getragen hatte.

»Na los, ziehen Sie's an, es ist Ihre Größe«, drängte Sophia, die wieder an der Schlafzimmertür aufgetaucht war.

»Also schön, bin gleich wieder da«, kicherte Caroline. Sie ging ins Badezimmer und ließ das Gewebe vorsichtig über Arme und Kopf gleiten. Die Spitze schmiegte sich zart um ihre Brüste, und sie kam sich vor wie ein Filmstar.

Sophia kam an die Tür, als Caroline vor dem Spiegel stand, derselbe Spiegel, in den sie so oft ihre Verzweiflung gesprochen hatte.

»Sie sehen traumhaft aus«, sagte Sophia.

»Na ja, es ist wunderbar«, sagte Caroline, strich sich die Haare glatt, versuchte, den Stoff nach unten zu ziehen, um sich zu bedecken.

»Sie sind schön«, sagte Sophia, »schöner, als Sie denken.«

»Na ja ...«

»Stört es Sie, wenn ich das sage?«

»Was?«

»Sie wissen schon, daß Sie schön sind.«

Caroline sah, wie Sophia näher kam, und beobachtete fasziniert im Spiegel, wie die feinen Hände der jungen Frau sie umschlangen, sie umarmten und den Stoff über ihren Brüsten, über der Taille bis hinunter zu den Oberschenkeln streichelten.

»Du bist *mein* Traum«, sagte sie. »Ich wollte dich vom ersten Augenblick an, als ich dich gesehen habe. Hast du das gewußt?«

Caroline konnte hören, wie die Kinder von unten nach Sophia riefen, weil sie es nicht erwarten konnten, zu dem neuen Zuhause ihres Vaters zu kommen.

»Mach dir keine Sorgen wegen der Kinder«, raunte Sophia. »Ich passe gut auf sie auf, während wir weg sind.«

Versteckte Zeichen

Ein Paar Boxhandschuhe für Ben. Dann standen sie um mich herum, mein Vater, mein Bruder, meine Tante und ihre Zwillinge. Alle fünf glotzten mich an, als wäre ich ein mutierter Fisch in einem Aquarium, und warteten darauf, daß ich endlich mein Geschenk auspackte. Eines der beiden Zwillingsmädchen zappelte auf der Stelle. Ich hätte ihr am liebsten gesagt, sie soll zum Klo gehen, bevor sie sich in die Hose pinkelt, bei dem Pipitanz, den sie da aufführte. Und das in ihrem Alter. Und Tante Vanessa hatte zwei kleine rote Flecken vor Aufregung, einen auf jeder Wange, bloß weil Ben ihr einen Kuß gegeben hatte. Na ja, was blieb ihm anderes übrig? Nachdem sie ihn mit diesen schrecklichen Boxhandschuhen erpreßt hatte. Wahrscheinlich dachte er, er könnte noch mehr aus ihr herausholen, solange sie da war. Ich stand in der Mitte und wiegte das quadratische Paket in den Händen, wärmte mein kaltes Herz an ihrer heißen Ungeduld, kaute auf der Unterlippe.

»Na und?« sagte Tante Vanessa nach einer Weile, »willst du dein Geschenk denn nicht aufmachen?«

Ich wollte das Geschenk, ich wollte bloß nicht, daß sie dabeiwaren und mir zusahen. Ich wollte sie nicht dabeihaben. Auf keinen Fall.

»Es wird dir bestimmt gefallen«, säuselte sie, »die Zwillinge haben es extra für dich ausgesucht.«

Ach du grüne Neune, dachte ich und schüttelte das Paket, während sie zusahen und warteten. Die blöden Zwillinge, Tante Vanessa mit den roten Backen, Ben mit seinen fürchterlichen, aufgeblähten Handschuhen und mein Vater. Dann zog ich langsam das Klebeband von einem umgeklappten Ende des rosa Geschenkpapiers und fuhr mit dem Finger vorsichtig unter dem Rand entlang. »Pearl hebt immer das Geschenkpapier auf«, erklärte mein Vater.

Ich löste die andere Seite des Papiers, und eine weiße Schachtel kam zum Vorschein, die ich auf den Teppich vor meine Füße stellte. Was auch immer darin war, es konnte warten, während ich das Papier glattstrich und zusammenfaltete. Wie ungeduldig sie alle waren.

»Los, Pearl, pack endlich dein Geschenk aus.« Herrischer Zwilling.

»Nun guck schon nach, was in der Schachtel ist.« Noch ein herrischer Zwilling.

»Ich wette, es ist was Leckeres.« Gefräßiger Ben.

Ich kniete mich neben die Schachtel und hob langsam den Deckel von meinem Überraschungsgeschenk. Und dann schrie ich, der lauteste Schrei, den ich je von mir gegeben habe, und sprang direkt in die Arme meines Vaters.

»Bring das weg«, rief ich, »schaff es raus, bitte, bring es weg. Bring es weg! *Bring es weg*!«

Mein Vater trug mich hysterisch kreischendes Etwas nach oben in den Abstellraum, der mein Zimmer sein sollte, solange Tante Vanessa bei uns wohnte, um sich um Ben und mich zu kümmern, während unsere Mutter im Krankenhaus war. Die Zwillinge sollten zusammen in meinem Bett mit dem spitzenverzierten großen Baldachin schlafen, in *meinem* Zimmer mit den hübschen Wänden, die meine Mutter rundherum mit Meerjungfrauen und Delphinen und Fischen bemalt hatte.

»Ich will zu Moppy«, schluchzte ich, als er mit mir – ganz steif in seinen Armen – in den winzigen Raum stolperte. »Moppy« nennen wir meine Mutter. Ihr richtiger Name, Isobel, ist seit meiner Geburt nur selten benutzt worden. Sie sieht aus wie ich, durchscheinend weiße Haut und die gleichen korallenroten Haare, jede Strähne so dick wie das Haar eines Pferdeschwanzes. Man könnte mit unseren Haaren Geige spielen, sagt mein Vater immer. Und er sagt, wir riechen gleich.

Mich haben sie nach meiner Geburt Isobella genannt, weil ich meiner Mutter so ähnlich war. Aber als sie dann mit mir allein war und sie den milchigen Schimmer meiner nackten Babyhaut an ihrer Brust sah, nannte sie mich Pearl, ihre kleine Perle. Und bei dem Namen ist es geblieben. Mein Vater nannte meine Mutter danach Mop, was die Abkürzung von »Mother of Pearl«, also Perlmutter, ist. Es gefällt mir, daß sie nur deshalb ihren Kosenamen Moppy bekommen hat, weil sie meine Mutter ist. Einmal hat sie mir gesagt, daß sie das Gefühl hat, auch ihr Leben hätte in dem Augenblick begonnen, als ich geboren wurde.

In dem Abstellraum konnte man sich kaum noch bewegen, weil ich ihn mit Büchern und Spielsachen vollgestopft hatte, als Dad mir eröffnete, daß ich aus meinem Zimmer ausquartiert werden sollte. Das kleine Bett versank unter meinem dicken Federbett, meinen Satinkissen und einer Menagerie von Stofftieren. Ich wollte auf keinen Fall, daß die Zwillinge irgendwas von meinen Sachen anrührten.

»Ich hasse sie. Sie wollen mir bloß angst machen. Sag ihnen, sie sollen abhauen.« Ich schrie und schrie, während mein Vater etwas Platz auf meinem Bett schaffte.

»Beruhige dich, Pearl. Sie hatten doch keine Ahnung«, sagte er, während er meinen Kopf weiter in seinen Armen wiegte. »Ich gehe nach unten und lasse es verschwinden, wenn du aufhörst, alle mit deinem Geschrei zu nerven. Ich hole dir ein Glas Milch und Schokoladenkekse, wenn du ein braves Mädchen bist und aufhörst zu schreien.« Den letzten Satz mußte er selbst schreien, um meine Heulerei zu übertönen.

Ich zog mir das Federbett über den Kopf, vergrub das Gesicht im Kopfkissen und schimpfte leise weiter über die Zwillinge und die böse Tante Vanessa. Unter meinem Kopfkissen lag das saphirblaue Nachthemd meiner Mutter, das ich mir über das Gesicht legte, und schon bald ließ mein heißer Atem ihren vertrauten Duft aus dem Seidenstoff entströmen. Kamille und Gewürznelken.

Als ich wenige Minuten später Schritte die Treppe hochkommen hörte, hatte ich mich wieder einigermaßen von dem Schreck erholt und freute mich schon auf die Milch und die Schokoladenkekse, doch statt meines Vaters kam Tante Vanessa ins Zimmer und brachte Ben mit.

»Haut ab«, sagte ich, zog mir wieder die Decke über den Kopf und schob das seidene Nachthemd nach unten ans Fußende. »Ich will euch nicht sehen.«

»Liebe Pearl, du wirst dich daran gewöhnen müssen, daß ich hier bin. Es kann diesmal einige Zeit dauern, bis es deiner Mutter wieder so gutgeht, daß sie sich um dich kümmern kann.« Ihre Stimme war fest, aber sie hielt Ben vor sich an den Schultern fest, wie eine Geisel.

Ich zog die Decke so weit runter, daß ich sie beide mit dem rechten Auge beobachten konnte. Ben stand verlegen vor ihr in dem winzigen Zwischenraum zwischen Bett und Fenster, ließ die Boxhandschuhe baumeln, die an den Schnürriemen zusammengebunden waren wie zwei tote Kugelfische.

»Jetzt komm bitte unter der Decke hervor«, sagte sie. »Ben hat dir was zu sagen, nicht wahr, Ben?«

Ben grinste, sagte aber nichts, während ich mit aller Kraft die Decke über meinem Gesicht festhielt und Tante Vanessa daran zerrte. »Komm schon, Pearl, wir müssen darüber reden«, sagte sie. »Die Mädchen und ich bringen dir ein ganz besonderes Geschenk mit, und zum Dank schreist du und beschimpfst uns. Ist nicht schlimm, ich bin dir nicht böse. Ben hat alles gestanden«, sagte sie und klappte die Decke von meinem Gesicht. »Hör zu, meine liebe Kleine, ich versichere dir, daß die hübsche Puppe *kein* in Plastik eingepackter geschrumpfter toter Mensch ist, stimmt's, Ben?«

Ben blickte mir nur ins Gesicht, und vor lauter unterdrücktem Gelächter wurden seine Backen immer kugelrunder, bis die Augen herausquollen und er aussah, als würde ihm gleich das Gesicht platzen.

»Und«, fuhr sie fort, »die psychiatrische Klinik ist nicht voll mit Leuten, die eingeschrumpft und zu Puppen gemacht werden sollen, deshalb brauchst du dir wegen deiner Mum keine Sorgen zu machen. Ist das klar?«

Ben grinste noch immer, und ich hätte ihn am liebsten umgebracht. Wem sollte ich glauben? Konnte doch sein, daß Tante Vanessa mich reinlegte. Schließlich hatte nicht nur Ben das gesagt; neulich erst hatte ich mitbekommen, wie mein Dad am Telefon sagte, daß meine Mum in der Klinik nur noch ein Häufchen Elend sei und immer weniger werde. Jedenfalls wollte ich kein kleines geschrumpftes, mit Plastik überzogenes Baby zum Spielen haben. Auf gar keinen Fall wollte ich das.

»Also, Ben? Pearl?« sagte Tante Vanessa, pflanzte ihren Hintern auf mein Bett, ohne vorher zu fragen, und tätschelte mir die Hand. »Ben?«

»Es war bloß ein Witz«, brummte Ben, »sie glaubt *jeden* Quatsch. Dafür kann ich doch nichts.«

»Doch«, sagte Tante Vanessa, »ich finde schon, daß du was dafür kannst. Pearl solche Angst einzujagen. Das war wirklich nicht nett von dir, oder?«

»Puppen sind jedenfalls blöd«, sagte er.

Tante Vanessa hielt über der Decke meine Hand, und ich starrte auf ihre roten, dicken, kurzen Finger, wie Würstchen, dachte ich, so häßlich, überhaupt nicht wie Moppys schöne, schlanke Pianistinnenhände.

»Die Zwillinge haben ganz viele Puppen und Puppenkleider, mit denen du spielen kannst, während wir hier sind, Pearl. Du mußt deine kleine Phobie überwinden, und dein Daddy meint auch, daß wir nicht alles verstecken können, nur weil du ins Zimmer kommst. Das wäre doch meinen Mädchen gegenüber nicht fair, nicht wahr, Schätzchen? Also, ich hole jetzt deine Puppe, und wir spielen zusammen ein bißchen damit;

du weißt ja jetzt, daß der ungezogene Ben dich nur an der Nase herumgeführt hat.«

Ich hatte vorher noch nie eine Puppe richtig aus der Nähe gesehen, und meine Neugier war einfach zu groß, also erklärte ich mich mit nur noch gespielter Angst einverstanden, daß meine Tante die Puppe holte, unter der Bedingung, daß sie sie sofort wieder aus meinem Zimmer brachte, wenn ich sie darum bat. Tante Vanessa holte die Puppe und zeigte mir, wie man sie ausziehen konnte. Sie nahm ihr die Strickhaube mit Knöpfen dran ab und zog ihr das weiße Jäckchen und Kleidchen und dann die weiße Baumwollunterwäsche aus. Sie wies vorsorglich auf die offensichtlich nicht menschlichen Drehgelenke hin, mit denen die Beine und Arme mit dem glänzenden Plastikkörper verbunden waren. Die Puppe war ganz und gar rosa, sogar die Babyhaare waren aus dem gleichen Stück Plastik geformt wie der Kopf. Als Tante Vanessa sie auf mein Bett legte, schlossen sich die blauen Glasaugen unter bemalten Blechlidern, das zweifache Zwinkern einer Toten, ohne Wimpern. Die Puppe war wirklich das Gräßlichste, was ich je gesehen hatte.

Tante Vanessa redete mir gut zu, bis ich mich traute, die Puppe anzufassen und sie wieder anzuziehen. »Ich stricke dir neue Anziehsachen, wenn du mir sagst, welche Farbe die Wolle haben soll«, versprach sie, während ich behutsam das weiße Jäckchen und die Haube der Puppe zuknöpfte. So, wie Tante Vanessa mit mir sprach, mich »Schätzchen« nannte und so weiter, hätte man direkt meinen können, daß sie mich mochte.

»Wie willst du deine Puppe denn nun nennen?« fragte sie schließlich triumphierend.

Ich blickte auf die Puppe in ihren Händen, und da waren diese Augen. Vertraute blaue, glasige Augen, ohne jeden Ausdruck. Die blicklosen Augen eines toten Fisches, Augen genau wie die meiner Mutter, kurz bevor sie einen ihrer Anfälle bekam. Dieser Unterwasserstarrblick, den niemand außer mir bemerkte. »Moppy«, wollte ich sagen, »Baby-Moppy«, aber ich wußte, daß ich damit alles verraten würde, deshalb sagte ich den ersten Namen, der mir in den Sinn kam: »Mrs. Jelly.«

»Das ist aber ein seltsamer Name für eine Babypuppe«, sagte Tante Vanessa und ließ mich in meinem Bett zurück, wo ich Mrs. Jelly in den Armen wiegte.

Sobald sie gegangen war, bohrte ich meine Finger in die Plastikaugenhöhlen der Babypuppe und drehte die Glasaugen um, bis nur die kalten, fleischfarbenen Blechlider aus Mrs. Jellys Gesicht herausschauten.

Ich konnte es Moppy immer schon an den Augen ablesen, wenn sie sich schlimm benehmen würde. Zum Beispiel wenn ich runter zum Frühstück kam und sie bereits am Tisch sitzen sah, ganz still, aus blauen, glasigen Augen starrend, und stets in dem saphirblauen Nachthemd mit den Fledermausärmeln. Wenn wir zu Hause blieben, saß sie den ganzen Tag lang dort, was einem richtig unheimlich sein konnte, weil sie nichts hörte, wenn Dad oder Ben sie ansprachen. Sie hörte auch nicht das Telefon oder die Türklingel, sie kochte nicht, und sie aß auch nicht, und wir schlichen um sie herum, unauffällig wie Schatten, und versuchten, so zu tun, als wäre alles in Ordnung. Ich ließ sie nur ungern ganz allein da sitzen, und sobald ich den Blick in ihren

Augen sah, täuschte ich Bauch- oder Kopfschmerzen vor, damit ich nicht in die Schule mußte.

Mein Vater muß gewußt haben, daß etwas ganz und gar nicht stimmte. Jedesmal, wenn er das Haus verließ, ging er mit großen, zögerlichen, schleichenden Schritten, wie eine Marionette, und schrieb vorher mit dikkem schwarzem Filzstift seine Telefonnummer im Büro auf, als wäre ich zu blöd, sie mir aus dem Telefonbuch rauszusuchen. Ben schien dagegen immer richtig erleichtert, wenn er endlich aus dem Haus konnte, und Moppys seltsames Verhalten bereitete ihm nur ein einziges Mal richtig Kummer, als er sich Boxhandschuhe zum Geburtstag wünschte. Unser Dad mußte ihm dann leider sagen, daß das nicht in Frage kam, da Moppy eine Todesangst vor Handschuhen aller Art entwickelt hatte. Daraufhin bekam Ben mal wieder Nasenbluten, und Moppy saß einfach nur untätig am Küchentisch und starrte durch ihn hindurch, statt ihm den Kopf nach hinten zu halten und ihm einen Eisbeutel auf die Stirn zu legen, von denen sie immer welche im Kühlschrank hatte.

Wenn Dad und Ben gegangen waren, zogen Moppy und ich los auf »Mission«, wie sie es nannte. Im Laufe der Monate, in denen ihre Krankheit sich verschlimmerte, nahmen diese »Missionen« immer bizarrere Formen an. Dabei hatte alles ganz harmlos angefangen.

»Los, komm, Pearl«, sagte sie und half mir in den Dufflecoat, aus dessen Ärmeln eine Kordel hing, an der früher zwei Fäustlinge baumelten, bis Moppys Schere zweimal Schnipp gemacht hatte und keine mehr da waren. »Heute gibt's viel zu tun.«

Nachdem sie morgens sprachlos und wie erstarrt dagesessen hatte, sprühte sie in ihrem Wahnsinn jetzt plötzlich vor Leben. Ihr korallenrotes Haar stand hoch, die toten Fischaugen leuchteten mit einem Mal wie Sterne. Häufig erforderte die Mission, daß wir von elf Uhr bis zur Mittagszeit am Eisentor des Stadtparks standen und die Leute mit roten oder rötlichbraunen Haaren zählten. Wenn es in den für diese Aufgabe vorgegebenen zwei Stunden mehr als dreizehn waren, dann war alles in Ordnung, und keiner, so sagte sie, würde uns was tun. Dann war sie wieder fröhlich, hakte sich bei mir ein, und wir hüpften in den Park und aßen »Eisratten«, wie sie sie nannte, diese köstlichen süßen Hefebrötchen mit dickem weißem Zuckerguß oben drauf, und tranken Tee aus Styroporbechern, in den ich soviel Zucker rührte, wie ich wollte. Dann durfte ich auf die Schaukel und die große Rutsche, während Moppy unter den ausladenden Ästen einer Edelkastanie saß und mit grünem Kugelschreiber in einem ihrer rotledernen Notizbücher Briefe an Zeitungen entwarf.

Zum Glück gingen meist jede Menge Leute mit roten und rötlichbraunen Haaren in den Park, doch einmal wurden wir ziemlich nervös, als wir nur elf Leute gezählt hatten, obwohl es auf Moppys Uhr schon zehn vor eins war. Sie fragte ständig irgend jemanden, wie spät es war, schüttelte dauernd ihre Uhr, und Tränen liefen ihr über die Wangen. »Sie werden uns weh tun, Pearl«, sagte sie immer wieder, »wir haben noch zehn Minuten, bis sie angreifen.« Ich hatte nicht den leisesten Schimmer, wer »sie« waren oder was sie uns antun würden, aber ich war genauso verzweifelt wie sie, während die Minuten verstrichen und nur zwei japanische Jungen und eine Frau mit einem grauen Haarknoten an uns vorbei durch das Tor gingen. Unsere Rettung kam drei Minuten vor eins in Gestalt einer Frau mit feuerrotem Haar, die einen Kinderwagen schob, in dem – ja! – ein kleiner Junge lag, der einen ebenso leuchtendroten Haarschopf hatte. Einen gräßlichen Augenblick lang dachte ich, die Frau würde vorbeigehen, doch dann blieb sie eine quälend lange Sekunde vor dem Tor stehen, drehte den Kinderwagen um und ging in den Park. Moppy und ich seufzten erleichtert im Duett auf und folgten hinterdrein.

Auf Moppys Missionen gehörte es meist dazu, nach irgendwelchen versteckten Zeichen zu suchen. Manchmal brauchten wir über eine Stunde bis zum Park, obwohl er eigentlich zu Fuß nur zehn Minuten entfernt lag. Der Grund waren Gefahren, denen wir unterwegs begegneten; zum Beispiel Krankenwagen, Männer mit Schirm und herumliegender Abfall. Wenn ein Krankenwagen vorbeifuhr, gingen wir in Deckung, bis wir eine Katze sahen, ein Mann mit Schirm bedeutete, daß wir *rückwärts* bis zu unserer Haustür zurückgehen mußten, bevor wir uns erneut auf den Weg machen konnten, und herumliegender Abfall mußte aufgesammelt und in den Briefkasten des ersten Hauses mit schwarzer Eingangstür auf der anderen Straßenseite gestopft werden.

»Wir müssen schon was dafür tun, wenn wir überleben wollen«, sagte Moppy. Es machte großen Spaß, wie ein kompliziertes Pfänderspiel oder eine Schnitzeljagd, aber für meine Mutter war es bitterer Ernst.

Am schlimmsten waren Handschuhe, besonders Männer mit Handschuhen, und es waren Handschuhe, die ihr schließlich zum Verhängnis wurden. An dem Tag, an dem sie abgeholt wurde, fuhren wir mit dem Bus zum Zahnarzt, und zwar so früh, daß wir bis zu meinem Termin für eventuelle Missionen genügend Zeit hatten. Als der Schaffner kam, um das Fahrgeld zu kassieren, fiel Moppy leider auf, was er an den Händen trug: Ach, diese Handschuhe saßen wie angegossen, mit Falten an jedem Knöchel, elastisch und marineblau. Handschuhe, wie man sie tragen würde, wenn man jemanden erwürgen will. Moppy fing an zu schreien, als wollte er sie umbringen, und tatsächlich unterstellte sie ihm derlei mörderische Absichten und versuchte, die anderen Fahrgäste zu warnen. Der Schaffner zog die Notbremse, als Moppy, einen Arm schützend über die Augen gelegt, plötzlich mit ihrer Handtasche auf ihn einschlug. Ich mußte sie aus dem Bus zerren, bevor der ganz zum Stehen kam, und sie fiel in den Rinnstein und ich auf sie drauf, während der Schaffner von der hinteren Busplattform aus noch immer schimpfte und mit einer marineblauen Faust fuchtelte.

Zu der Zeit hatte Moppy schon angefangen, ihre Aufmerksamkeit auf Autokennzeichen zu richten, und unsere Missionen wurden durch die Botschaften, die sie in den Nummernschildern entdeckte, noch weiter erschwert. Einmal, auf dem Weg zum Park, hielt ein roter Wagen vor einer Ampel. Sein Kennzeichen begann mit SLA, und Moppy hielt mich mitten auf der Straße an, wühlte in ihrer Tasche nach dem Schminktäschchen, holte es heraus und beschmierte ihre und meine Lippen mit blutrotem Lippenstift. »Sieh doch«, sagte sie und zeigte auf das davonfahrende Auto, »das ist ein wichtiger Wagen, den roten muß man nämlich gehorchen; da steht SLA – Sofort Lippenstift Auftragen.« Ich kam mir richtig albern vor, als wir weitergingen und die Leute uns mit unseren ungeschickt bemalten roten Lippen anstarrten.

Wenn sie Leute mit Handschuhen, Männer mit Schirm und alle möglichen Kennzeichen an roten Autos sah (zum Beispiel »DKS«, eine verbreitete Buchstabenfolge, bedeutete für sie »Da Kommen Sie«), konnte es passieren, daß sie schreiend nach Hause lief, wo sie sich zitternd im Bett verkroch, in dem blauen Nachthemd, das, wie sie sagte, ihr einziger Schutz vor »ihnen« war.

Während wir noch auf dem Bürgersteig lagen und Moppy wie am Spieß schrie, blickte ich dem davonfahrenden Bus hinterher. Er hatte das Kennzeichen IRR 631 E. Ich war heilfroh, daß Moppy es nicht gesehen hatte, als wir aufstanden und uns den Staub von den Mänteln klopften.

Zum Glück war es ein schöner Tag, und wir sahen keine Männer mit Schirm, als wir zu Fuß den Rest des Weges zum Zahnarzt gingen. So kamen wir nicht zu spät zu meinem Termin. Ich hatte rasende Zahnschmerzen, vermutlich von dem vielen süßen Tee und den Zuckerbrötchen, die ich dauernd im Park aß, und seit über einem Jahr war ich nicht mehr beim Zahnarzt gewesen.

Weil Moppy Angst vor dem Aufzug hatte, nahmen wir die Treppe zu Mr. Collins' Praxis im dritten Stock und kamen außer Atem an der Rezeption an.

»Nehmen Sie im Wartezimmer Platz«, sagte die hübsche junge Schottin am Empfang, sobald sie ihr Telefonat beendet hatte.

»Nein, danke«, sagte ich, »meine Mum und ich möchten hier warten.« Durch die Glastür des Wartezimmers hatte ich nämlich gesehen, daß dort ein Kind mit regenbogengestreiften Wollhandschuhen saß, und mir tat der Zahn viel zu weh, um das Risiko einzugehen, daß Moppy wieder durchdrehte.

»Wie du willst«, sagte die junge Frau und sah mich an, als wäre ich nicht ganz dicht, »du bist sowieso gleich dran.«

Sie wandte sich wieder dem großen Terminbuch zu und ignorierte uns, während wir an der Rezeption standen, obwohl Moppy nach ihrer Begegnung im Bus noch immer deutlich zitterte.

»Wir können froh sein, daß wir noch einmal davongekommen sind, Pearl«, flüsterte sie, »das war knapp, wir können froh sein, daß wir noch einmal davongekommen sind.« Und ich drückte ihr bloß die zitternden Finger und sagte, sie solle sich keine Gedanken machen.

Sie hatte sich wieder ein bißchen beruhigt, als die Klingel an der Rezeption läutete und die Frau uns sagte, daß Mr. Collins mich jetzt erwartete.

»Nehmen Sie doch solange im Wartezimmer Platz«, sagte sie zu meiner Mutter. »Sie sehen aus, als könnten Sie ein wenig Erholung gebrauchen.«

Einen schrecklichen Moment lang dachte ich, daß Moppy ihrer Aufforderung folgen und den Regenbogenhandschuhen begegnen würde, aber ich hielt ihre Hand fest und weigerte mich, ohne sie zu gehen.

»Aber Pearl«, protestierte sie, »wieso das denn auf einmal? Du warst doch sonst immer so tapfer beim Zahnarzt, Ben ist der kleine Feigling.«

»Wo fehlt's denn, Pearl«, fragte Mr. Collins, als ich

erleichtert auf seinem tollen türkisblauen, vinylbeschichteten Hydraulikstuhl saß und in die Lampe über mir blinzelte. Die Frage war sinnlos, weil ich den Mund offen hatte und er mit einem Spiegel an einem Stab darin rumstocherte. Das machen Zahnärzte immer so, sie fragen dich irgendwas oder fangen ein Gespräch an, während sie dir den Mund aufpressen, oder aber sie sprechen dich mit falschem Namen an, und du kannst sie nicht mal korrigieren. Und sie haben alle einen schlechten Atem. Mr. Collins roch nach Brot mit Ei.

»So«, sagte er, nahm den Spiegel aus meinem Mund und drehte sich zu Moppy um, die am anderen Ende des Behandlungszimmers stand. »Der hintere Backenzahn braucht eine Füllung, der ist schon ziemlich kariös, aber auf dem Röntgenbild ist keine Infektion zu erkennen, also müßte das fürs erste genügen. Eine winzigkleine Füllung.«

Und dann tat er es. Er ordnete sein Instrumententablett, zog eine Metallspritze auf, um den Zahn zu betäuben, legte sie neben den Bohrer und angelte aus einer kleinen Schachtel, die oben wie eine Packung Kleenex einen Schlitz hatte, ein paar mit Puder bestäubte Chirurgenhandschuhe. Er streifte sich einen über die linke Hand, und es gab ein klatschendes Geräusch, als der Latex über das Handgelenk schnellte, dann fing er an, die rechte Hand in den anderen Handschuh zu zwängen. »Nein«, wollte ich schreien, als ich zu Moppy blickte, aber es war zu spät. Sie fegte durch den Behandlungsraum, schrie auf polnisch und englisch: »Ti svinio, du Dreckskerl«, und schleuderte seinen Bohrer, sein Instrumententablett und die Spritze durch die Luft. Sie zerkratzte ihm das Gesicht und schrie, er würde uns nicht umbringen.

Mr. Collins stieß sie zurück. »Verdammt, was soll denn das«, aber sie griff erneut an, packte mich diesmal, zerrte mich aus dem Hydraulikstuhl und riß mich mit in eine Ecke, wo sie mich vor sich hielt wie einen Schutzschild.

»Zuerst mußt du die Kleine töten, wenn du es schon tust. Sie soll mich nicht sterben sehen.« Und während sie mich weiter festhielt, erbebte sie und schluchzte und rollte sich dann ganz klein zusammen.

Das schottische Mädchen vom Empfang kam angerannt. Sie lief noch mal weg, wohl um meinen Vater im Büro anzurufen, dann kam sie wieder, um Moppy zu beruhigen, die an den Händen blutete, weil sie mit den Fäusten auf den Boden geschlagen hatte. Mein Vater kam, ein Arzt kam, und plötzlich wurde sie apathisch, nur noch ein Häufchen Elend, fügte sich in ihr Schicksal und ließ sich von dem Arzt widerstandslos eine Spritze in den Arm geben, während mein Dad ihr übers Haar streichelte und sie beruhigte, daß nun alles wieder gut würde.

Das ereignete sich, zwei Wochen bevor ich mein Meerjungfrauenzimmer an die Zwillinge verlor und Mrs. Jelly bekam und mir von Tante Vanessa andere lästige Dinge gefallen lassen mußte. Die alte Tugendwächterin ließ sich nicht zweimal bitten, ihrem jüngeren Bruder zu helfen. »Sieh doch mal, Pearl, es ist wirklich nett von ihr, daß sie alles liegen und stehen gelassen hat, um bei uns auszuhelfen, während Moppy im Krankenhaus ist«, sagte er, aber ich war nicht überrascht, daß sie gleich angerannt kam, um ihre Nächstenliebe zu beweisen. Ich wußte, daß sie in einem häßlichen kleinen Haus mit einem blöde zubetonierten Garten wohnte, weil sie mich mal eine Zeitlang zu sich genommen hatte, als Mum schon einmal länger krank gewesen war. Ihre Zwillinge waren immer neidisch, weil wir einen Rasen vor und hinter dem Haus hatten und einen großen Sandkasten, einen Fischteich und eine eigene Schaukel.

Wir mußten nicht wie sie in der Küche essen, sondern hatten ein Eßzimmer mit einem langen Mahagonitisch und zehn passenden Stühlen, die einst Moppys Familie in Warschau gehört hatten. Wie sie mir erzählte, war das das einzige, was von den Reichtümern der Familie übriggeblieben war, nachdem Hitler oder sonstwer alles gestohlen hatte. Wegen dieses Hitler hatte ich keine Großeltern, erklärte sie mir, und er war auch der Grund, warum sie während des Krieges angespuckt worden war. Ich verstand von all dem überhaupt nichts, obwohl ich oft von anderen hörte, daß sie sehr gelitten hatte. Mein Dad erzählte Tante Vanessa, daß Moppy im Krieg schreckliche Dinge mit angesehen hatte, und dann sah mich Tante Vanessa da stehen, sagte: »Psst«, nahm mich auf den Schoß, drückte mich und sagte: »Ach, mein kleines Schätzchen.« Aber ich war nicht ihr kleines Schätzchen, und ich mochte es nicht, wenn ich ihren kratzigen Rock an meinen Beinen spürte.

Klar war mir dagegen, daß Tante Vanessa jetzt von Moppys Krankheit profitierte, denn sie konnte bei uns einziehen und an Moppys Eßtisch sitzen. Es ärgerte mich, wenn ich sie da sitzen sah, mit meinen Cousinen, den Zwillingen. Es machte mich wütend, wenn ich sah, wie sie ihre blonden Spanielköpfe neigten, während sie Tomatensuppe von vorn aus dem Teller nach hinten löffelten und dann den Löffel ohne zu schlürfen zum Mund führten. Moppy erzählte mir einmal, daß Tante Vanessas Mann sie noch vor der Geburt der Zwillinge verlassen hatte. »Und wer könnte es ihm verübeln?« sagte sie mit boshaftem Blick.

Ob ich sie nicht ausstehen konnte? Und wie, aber das war noch nichts im Vergleich zu den Haßgefühlen, die folgten. Es war ganz allein Tante Vanessas Schuld, daß ich zur Strafe ins Bett geschickt wurde, weil sie so einen Aufstand machte, als sie sah, was ich mit Mrs. Jellys Augen angestellt hatte.

»Das war gar nicht nett von dir«, sagte sie zu mir, »gib mir die Puppe, ich werde sie reparieren.«

»Nein«, sagte ich, »ich finde sie so besser.«

»Was bist du doch für ein dummes Mädchen, Pearl. Ich habe dir diese hübsche Puppe nicht gekauft, damit du sie kaputtmachst.« Sie blickte voller Kummer auf Mrs. Jellys Gesicht.

»Du hast sie mir geschenkt, also gehört sie mir, und ich kann mit ihr machen, was ich will«, sagte ich und fügte hinzu: »Überhaupt, ich hasse Puppen, und ich hasse dich.«

Leider bekam mein Vater letzteres mit. Erschreckend traurig schickte er mich ins Bett. Ich legte mich hin, natürlich ohne mir die Zähne zu putzen und mich auszuziehen, und griff unter mein Kopfkissen nach Moppys Nachthemd. Aber es war nicht da, und ich stapfte wieder nach unten in die Küche, und als ich eintrat, sah ich, daß eine von meinen Cousinen bei meinem Dad auf dem Schoß saß und Ben und die andere Cousine gerade Schokoladenkuchenteig von den beiden Metallrührstäben des Mixers ableckten.

»Irgend jemand hat etwas, das mir gehört, aus meinem Bett genommen«, sagte ich, während ich die heimelige Familienidylle mit wütendem Blick betrachtete. Tante Vanessa schob ihre Kuchenformen in den Backofen, bevor sie aufblickte und sich die Hände an Moppys Schürze abwischte.

»Ja, ich nehme an, du meinst das blaue Nachthemd deiner Mutter«, sagte sie, und die Cousine, die noch immer bei meinem Dad auf dem Schoß saß, kicherte.

»Ich habe es gefunden, als ich dein Bett gemacht habe, und ich dachte, wir sollten es waschen und bügeln und es deiner Mutter mitbringen, wenn wir sie morgen besuchen. Im Krankenhaus kann man gar nicht genug Nachthemden haben, weißt du, und es ist doch so ein schönes ...«

Ihre Stimme erstarb, als sie den Ausdruck auf meinem Gesicht sah. Ich schaffte es gerade noch zurück in mein Bett, bevor die Tränen kamen.

Es war das erste Mal, daß Ben und ich Moppy im Krankenhaus besuchen durften. Sie saß im Bett, in einem kleinen weißen Zimmer ohne Fenster. Sie sah aus wie unsere Mutter, nur kleiner, als wäre sie in der Wäsche eingelaufen. Das Ungewöhnlichste waren ihre Haare, die nicht mehr dieselbe Farbe hatten wie meine, sondern wie rostige Drahtwolle vom Kopf abstanden. Sie blickte uns aus Muschelschalenaugen ausdruckslos an und seufzte. Ben setzte sich auf eine Seite des Bettes und nahm ihre blasse Hand, aber ich warf mich auf sie drauf, vergrub den Kopf an ihrem Hals und suchte nach ihrem Kamille- und Gewürznelkenduft, fand aber nur den sterilen Geruch des Krankenhauses.

»Ben und Pearl, ich hoffe, ihr seid brav und macht eurem Dad und Vanessa keinen Ärger«, sagte sie mit der Stimme einer Fremden, distanziert, wie jemand, der die Nachrichten verliest.

»Aber ja«, sagte Tante Vanessa und tätschelte ihr die unruhige Hand. »Mach dir deswegen keine Gedanken, Isobel. Die beiden waren richtige Engel.« Moppy sah noch trauriger aus, und Tante Vanessa legte das blaue Nachthemd auf das Bett.

»Sieh mal«, sagte sie, »ich habe das hübsche Seidennachthemd gefunden und es für dich gewaschen und gebügelt. Darin bist du bestimmt die eleganteste Patientin, die man hier je gesehen hat.«

Ich glaube, Moppy bemerkte den Ausdruck auf meinem Gesicht, als ich sehnsüchtig von ihr auf das Nachthemd blickte. Ich glaube, sie deutete ihn richtig, aber schließlich konnte sie schon immer meine Gedanken lesen. »Hier«, sagte sie, wobei sie die blaue Seide zwischen den Fingern glattzog, »Pearl soll für mich darauf aufpassen. Ich bin bald wieder zu Hause.« Und sie legte mir das Nachthemd in die Hände und gab mir einen Kuß auf den Kopf, während ich zur Seite auf Tante Vanessas gespitzte Lippen blickte und lächelte. Kurz darauf ging Tante Vanessa mit Ben und mir nach unten ins Café, damit unser Dad mit Moppy noch eine Weile allein sein konnte, und da mußte sogar Ben weinen.

Natürlich hatte Tante Vanessa alles verdorben. Das Nachthemd war nicht mehr das gleiche, es roch einfach nicht mehr richtig, und von da an schlief ich schlecht. Eines Morgens, ich hatte in der Nacht zuvor kaum ein

Auge zugetan, kündigte mein Dad an, daß wir alle zusammen einen Tagesausflug nach Chelston Sands machen würden. »Ich glaube, ein bißchen frische Seeluft wird uns guttun, und vielleicht ist das Meer ja noch so warm, daß wir sogar schwimmen gehen können«, sagte er.

»Au ja, dann ziehe ich unter dem Kleid meinen neuen Bikini an«, sagte eine meiner Cousinen, und die andere fragte, ob es am Strand Esel gebe, auf denen wir reiten könnten. Ich blickte Ben an und er mich. Ich wußte, daß wir beide das gleiche dachten. Chelston Sands war Moppy der liebste Ort auf der ganzen Welt, und als wir das letzte Mal dort waren, gruben wir sie bis zum Hals im Sand ein, und sie lag da, strahlte und lachte und sagte, daß das jetzt unser ganz besonderer Geheimplatz sei. Esel gab es dort nun wirklich nicht, denn der Strand war wild und verlassen, und um dahin zu gelangen, mußte man etwa eine Meile lang einen ausgetretenen Pfad entlanggehen und dann über Sanddünen klettern, wo in dichten Büscheln die Grasnelken wuchsen, die wir pflückten und Moppy ins Haar flochten, während sie vergnügt dalag und die untergehende Sonne sich in ihren Augen spiegelte.

»Sag ihnen, wir kommen nicht mit«, sagte ich, als Ben und ich uns am Fischteich berieten. Ben warf ein paar Krümel von seinem Toast hinein, und unsere beiden Goldfische kamen an die Oberfläche, schwammen zwischen den Wasserpflanzen umher und verschlangen das Futter.

»Ach, was soll's«, sagte er, »das gibt nur Ärger. Wir fahren einfach mit und sagen Moppy nichts davon. Sie hätte sowieso nicht wirklich was dagegen.«

»Hätte sie wohl«, sagte ich, »aber sie werden nicht fahren, wenn wir beide uns weigern. Auf mich hört doch sowieso keiner, aber sie machen immer das, was du willst.«

»Ehrlich, Pearl, das bringt nichts«, sagte er, weil er sich keine Schwierigkeiten einhandeln wollte, »und überhaupt, es wird bestimmt lustig. Ich bin gespannt, ob die riesigen Krebse noch da sind.«

»Ich will nicht mit dieser schrecklichen Frau fahren«, sagte ich.

»Sie ist nicht schrecklich, sie will uns nur helfen, mehr nicht.«

»Du machst nie, was ich sage«, sagte ich, und dann: »Ich hasse dich.«

Ben zuckte die Schultern und ging ins Haus, um seine Taucherbrille und seinen Schnorchel zu suchen.

Tante Vanessa packte Moppys Picknickkorb mit Streichkäse-Sandwiches, Chips, einer großen Flasche Limonade, ein paar Äpfeln und zwei von ihren Schokoladenkuchen, die die Zwillinge mit Smarties verziert hatten. Es sah richtig unappetitlich aus, und ich würde nicht mal für Geld was davon essen. Dann ließ mein Dad die beiden den Korb zusammen zum Wagen tragen.

»Pearl«, sagte er, als ich ihnen half, Moppys Korb hinten in unseren Kombi zu hieven, »ich fürchte, du mußt hinten auf der Ladefläche mitfahren, weil du die Kleinste bist.«

»Aber wieso denn nicht eine von denen«, sagte ich und zeigte auf die Zwillinge, die rechts und links neben ihm standen, »es ist schließlich unser Auto, nicht ihrs.«

»So was zu sagen, ist sehr unhöflich«, erwiderte er, »Schluß jetzt mit den ständigen Streitereien. Du hast es ganz bequem da drin und kannst auf der Decke und all den Pullovern und Mänteln sitzen.«

»Das ist ungerecht«, sagte ich und spürte, wie mir die Tränen in den Augen brannten, und dann: »Ich hasse euch alle.«

»Und untersteh dich, noch einmal zu sagen, daß du jemanden haßt. Haß ist ein schlimmes Wort, und ich will es nie wieder hören.« Er war richtig sauer auf mich, und ich beschloß, den ganzen Tag mit keinem von ihnen zu sprechen, um sie zu bestrafen.

»Also«, sagte Tante Vanessa auf Moppys Platz neben meinem Vater, als wir aus der Stadt heraus auf die Autobahn fuhren, »laßt uns etwas spielen. Wer als erstes ein Schild entdeckt, das eine Baustelle ankündigt, gewinnt ein Sixpencestück.«

»Das ist das rote Dreieck mit dem Mann drauf, der aussieht, als wollte er einen Schirm aufspannen«, fügte mein Vater hinzu.

Ich beobachtete die drei hüpfenden Blondschöpfe vor mir, wie sie untereinander eine Tüte Schokonüsse weiterreichten. Ben gewann das Spiel, er hatte schon zwei Straßenbauschilder entdeckt, und um die Spannung zu erhöhen, bot Tante Vanessa demjenigen einen Schilling, der als erster das Meer sah.

Als wir die Hügelkuppe erreichten, blickte ich über die Felder im Tal; auf das Muster aus braunem Kord und grüner Serge und die gelben Rapsquadrate wie Nylon, und ich sah früher als sie das schimmernde blaue Band. Aber ich spielte ja nicht mit, und selbst wenn ich mit jemandem gesprochen hätte, hätten sie mich dahinten auf der Ladefläche ohnehin nicht richtig hören können.

»Das Meer, das Meer«, rief Ben, »ich hab's eben gesehen, als wir um die Kurve gefahren sind«, und ich konnte sein blödes Grinsen im Profil sehen, als er die Tüte Süßigkeiten an die Zwillinge weitergab. Er wußte genau, wie gern ich Schokonüsse mochte.

Ich hatte die grobe Wolle des grünen dicken Pullovers von meinem Dad zwischen den Fingern.

»Und gleich kommt wieder eine Baustelle«, sagte Ben, als er noch ein Schild mit einem Mann mit Schirm erspähte.

Ich nahm den Pullover in die Hände, weil ich kein Blut an die Finger bekommen wollte, beugte mich vor und legte ihn ihm über das Gesicht. Dann drehte ich ihm, so fest ich konnte, die Nase um, bis ich spürte, wie der Knorpel unter der Wolle knackte. Blut spritzte unter dem Pullover hervor, und Ben schrie auf. »Um Himmels willen, was ist denn dahinten los?« rief Tante Vanessa und drehte sich um, während mein Vater auf die Standspur fuhr.

Tante Vanessa hielt Bens Kopf nach hinten gelegt, und das Blut spritzte ihr auf die cremefarbene Strickjacke. Unser Dad öffnete die Heckklappe und zog mich raus, in die heißen Dieselabgase.

»Bist du noch ganz bei Trost? Wieso hast du das gemacht?« fragte er.

Aber ich konnte nicht antworten. Ich sah sie alle vor mir, die Zwillinge mit aufgerissenen Mündern auf dem Rücksitz, das Blut, das aus Bens Nase lief, Tante Vanessas blutbesudelte Hände und die angstzerfurchte Stirn meines Vaters, der mich schüttelte. Aber das alles verschmolz mit der Straße und dem Verkehr und den Böschungen, die sich hinter der Standspur erhoben, und seine Stimme klang, als würde er unter Wasser rufen. Ich stand einfach da und starrte, und ich wußte, daß meine glasigen Augen so ausdruckslos waren wie bei einem toten Fisch.

Wie man sich bettet . . .

Sally starrte den dicken Blumenstrauß angewidert an. Nicht eine einzige Blume dabei, die sie mochte. Alles rosa. Zuckerwattenelken, Rattenschwanzchrysanthemen, traurige Pastelltulpen auf blutenden Stielen mit säuregelben Blättern, in knisterndes Zellophan eingepackt und mit einer Schleife aus kirschrotem Raffiabast zusammengebunden, wie die Schärpe am Partykleid eines verwöhnten Kindes. Als sie die rätselhaften Worte »Von wem wohl« auf der Karte las, gönnte sie sich nur einen Augenblick lang den Gedanken, daß sie vielleicht gar nicht von Gregory waren, sondern von jemand anderem, egal von wem. Bloß ein flüchtiger Hoffnungsschimmer, der nur allzubald erstickt wurde, als sie seine Stimme am Telefon hörte.

Er rief an – natürlich –, um ihr zum Valentinstag alles Gute zu wünschen und auch, als sie nichts sagte, um sich zu erkundigen, ob sie nicht vielleicht hübsche Blumen bekommen habe. »Nein, keine einzige«, fauchte sie und überließ es ihm, sich bei dem Blumenladen zu beschweren.

Kurz danach kam die Verlobung. Um ihre Eltern zu ärgern, nahm sie seinen Antrag an – seine Verlobte zu werden, wohlgemerkt, denn sie verspürte wenig Neigung, ihn zu heiraten. Der Ring saß an ihrem Mittelfinger wie ein gezogener Backenzahn, der einzelne winzige Diamant funkelte unheilvoll aus dem Klumpen Amalgam, in das der Juwelier den mickrigen Stein aus unerfindlichen Gründen gebettet hatte. Wie sich herausstellte, erhoben ihre Eltern keinerlei Einwände. Sie kauften ihr ein mit orangefarbenen Blüten gemustertes Staffordshire-Teeservice, »für deine Aussteuer«, sagten sie und versprachen ihr als Hochzeitsgeschenk das Bett, in dem sie zur Welt gekommen war.

Sallys Eltern hatten sich nicht immer so ins Zeug gelegt. Dafür hatte Sally schon gesorgt, als sie ihnen Gregory zum erstenmal beschrieb.

»Er sieht ganz gut aus, wenn man bedenkt, daß er fast so alt ist wie du, Dad«, sagte sie, woraufhin ihre Mutter das Zimmer verließ (»Du meine Güte, ich glaube, mein Kirschstuten brennt an!«) und ihr Vater erneutes Interesse an seiner veralteten Ausgabe vom »New Statesman« vortäuschte. Sally sprach weiter, um ihrem Vater eine Reaktion zu entlocken: »Mal abgesehen von ihrer Politik, Dad, findest du Margaret Thatcher eigentlich attraktiv?« Sie kicherte. »Gregory nämlich schon. Er sagt, sie hat richtig feurige Augen.«

Ihr Vater war offenbar nicht in der Stimmung, die subtileren Merkmale einer Premierministerin zu erörtern, die er nicht ausstehen konnte.

Sally folgte ihrer Mutter in die Küche, schnupperte anerkennend an dem noch warmen Stuten und fragte sie, ob sie je einen Mann gekannt habe, der wirklich gern zur Schule gegangen war. »Weißt du, das finde ich so merkwürdig an Gregory. Er sagt, Harrow sei die schönste Zeit seines Lebens gewesen, und damals muß es ja ganz schön hart zugegangen sein, meinst du nicht?«

Ihre Mutter war einsilbig. »Ich bin sicher, viele gehen aus allen möglichen Gründen gern zur Schule«, erwiderte sie nur.

»Ja, aber es ist doch ziemlich merkwürdig, wenn man sich gern daran erinnert, wie man jeden Morgen im Winter erst die Eisdecke im Schwimmbecken aufbrechen mußte, bevor man die obligatorische Länge vor dem Frühstück schwimmen konnte. Ich finde es jedenfalls merkwürdig.« Sally merkte, daß sie mit sich selbst sprach, wie immer, wenn sie, wie ihre Eltern es nannten, ihre »akute Schwadronitis« bekam und sich pausenlos über den neuesten Mann in ihrem Leben ausließ. Ihre Verliebtheiten waren nie von langer Dauer, und ihre Eltern hatten gelernt, daß es einfacher war, sich auszuschweigen.

»Wenn du wirklich glaubst, daß du mit einem Konservativen glücklich wirst...«, sagte ihre Mutter schwach und trug das Tablett mit gebuttertem Kirschstuten ins Wohnzimmer, Sally hinterdrein. »Ich könnte es nicht. Aber du weißt ja, Schatz, wir wollen bloß, daß du glücklich bist.«

Inzwischen schien ihr Glück bei ihren Eltern in den Hintergrund getreten zu sein. Kaum war sie mit Gregory zusammengezogen, da starteten sie auch schon eine regelrechte Kampagne für ihn, um ihre Tochter dazu zu bewegen, endlich Nägel mit Köpfen zu machen.

»Wie man sich bettet, so liegt man«, zischelte ihre Mutter nur ein einziges Mal und gesellte sich dann wieder zu Gregory und Sallys Vater, die im Wohnzimmer über die Verstaatlichung von Unternehmen diskutierten. Sally rechnete schon fast damit, daß ihre Mutter den Wandkalender holen und mit spitzem Kugelschreiber die Samstage im Sommer durchgehen würde, um gleich darauf den Pfarrer anzurufen und ihn zu fragen, wann die Kirche frei sei. »Gott bewahre«, murmelte sie vor sich hin.

Das alles machte Gregory ihrer Meinung nach nicht liebenswerter. Die Kirschlikörpralinen und gezuckerten Veilchen, die er ihr gnadenlos jeden Donnerstag kaufte (»zur Feier des Tages, an dem wir uns kennengelernt haben«), waren mit Sicherheit Teil eines ausgeklügelten Schlachtplanes, um sie dick zu machen, damit niemand sonst ein Auge auf sie werfen würde. Sie ließ sie stets demonstrativ ungeöffnet im Kühlschrank liegen. Jedesmal, wenn sie mit ihm einen Streit vom Zaun brach (in der Regel freitags, nachdem sie zum Frühstück Kirschlikörpralinen und gezuckerte Veilchen gegessen hatte), schickte er ihr ein Dutzend weiße Rosen mit einer einzigen roten (»mein blutendes Herz«) ins Büro. Zum Entsetzen ihrer Kollegen ließ sie die Blumen vor deren Augen qualvoll in den beheizten Räumen verwelken, bis irgend jemand Erbarmen hatte und eine Vase mit Wasser besorgte.

Geburtstage, Weihnachten und Valentinstage waren für Sally besonders problematisch. Sie beneidete ihre Kollegin Rachel, die immer eine gute Idee hatte, was sie ihrem Mann Lenny zum Geburtstag schenken konnte, und die auch zu anderen Anlässen ganz zufällig irgend etwas in einem Schaufenster entdeckte, das ihm gefallen würde. Wenn Sally und Rachel in der Mittagspause plaudernd durch Covent Garden schlenderten, konnte es passieren, daß Rachel plötzlich in einem Laden verschwand und triumphierend mit einer blauen Lampe wieder herauskam, deren Schirm mit einem großen rot-gelben Superman-»S« verziert war, oder sie hatte eine besonders schöne alte Digitaluhr ergattert, klobig wie ein Kinderroboter mit rot blinkender Leuchtdiodenanzeige.

»Oh, Lenny wird begeistert sein«, zwitscherte Rachel bei solchen Gelegenheiten und zog Sally weiter zum nächsten Schreibwarengeschäft, wo sie, um Lennys Wonne zu komplettieren, ach so sorgsam ausgesuchtes schwarzes Seidenpapier und königlich purpurfarbene Satinschleifen kaufte.

Sally entdeckte nie irgendwo irgend etwas, das sie gern für Gregory kaufen wollte. Sie hatte nun schon zwei seiner Geburtstage, zweimal Weihnachten und jetzt ihren zweiten gemeinsamen Valentinstag über sich ergehen lassen. Kaum etwas deprimierte sie mehr, als nicht nur durch Covent Garden zu ziehen, nein, auch noch durch Soho, über die Marylebone High Street, durch den Conran-Laden am Brompton Cross, über die Kensington High Street und sogar durch Harrods, wobei sie sich über die vertane Zeit ärgerte, mit stierem Blick umherging und am Ende aus Verzweiflung mehr Geld ausgab, als sie sich eigentlich erlauben konnte, nur um irgend etwas zu kaufen, womit sie ihr Gewissen beruhigen konnte. Einen CD-Player (aber keine CDs), eine Schweinslederaktentasche von Mulberry, einen Regenmantel von Burberry's. Gregory betrachtete all diese Geschenke als Beweis ihrer großen Liebe zu ihm.

Warum also, so mögen Sie sich fragen, blieb Sally überhaupt bei ihm? Am Sex lag es ganz bestimmt nicht.

Himmel, nein, weiß Gott nicht. Gregory war ein netter und zuvorkommender Liebhaber, versicherte sich stets, daß Sally auch wirklich mit ihm »schlafen« wollte (natürlich niemals »vögeln«, »bumsen« oder »ficken«). Im Bett – ausschließlich im Bett – machte er immer das Licht aus, war sorgsam darauf bedacht, ihren Brüsten nacheinander die gleiche Aufmerksamkeit zuteil werden zu lassen, indem er sie mit keuschen Küssen streifte, wie ein Politiker Babys küßt, und achtete stets darauf, daß sie sich wohl fühlte, bevor er vorsichtig in sie eindrang. Einmal – nur ein einziges Mal – hatte sie es geschafft, einen Orgasmus zu bekommen, doch da hatte er die Konzentration verloren und war aus dem Rhythmus geraten, und er blickte auf sie hinunter, mit besorgter Miene, und fragte: »Alles in Ordnung? O Schatz, ich tu dir doch hoffentlich nicht weh?«

Sally stöhnte und drehte das Gesicht zur Wand. Gregory war danach noch sanfter zu ihr, und so sehr sie auch versuchte sich vorzustellen, er wäre jemand anderer, in seiner Gegenwart kam sie nie wieder zum Orgasmus.

Nein, es lag nicht am Sex, daß Sally bei Gregory blieb. Es war ihr schlechtes Gewissen. Er war ihr Hauptgewinn. Nachdem sie sich kennengelernt hatten, waren sie ein paarmal heimlich abends essen gegangen, bevor er schließlich ihr gehörte. Als sie ihn gewann, hatte sie ein wenig das Gefühl, als würde sie mit einem dieser großen Stofftiere im Arm von der Kirmes nach Hause gehen, die immer so begehrenswert erscheinen, wie sie in den Los- oder Schießbuden hängen, während du dein Glück versuchst. Und wenn du dann das große Los ziehst oder dreimal das Herz-As triffst, schiebst du dich mit deinem gräßlichen Preis durch das Menschengewühl und läßt den grellen Glanz und den Lärm der Kirmes hinter dir. Zu Hause stehst du dann vor dem Problem, für ein riesiges rosa Kaninchen aus billigem Nylonfell mit einem dümmlichen Gesichtsausdruck, morschen Nähten und muffigem Geruch einen Platz in deinem Leben zu finden.

So war es für Sally, als ihr klarwurde, daß sie Gregory jetzt ganz für sich hatte. Sie war auf einer Party betrunken gewesen. Auch Gregory hatte zuviel getrunken. Irgendwann landeten sie oben in einem Raum voller Mäntel und zogen sich gegenseitig aus (sinnigerweise der einzige leidenschaftliche Augenblick in ihrer ganzen Beziehung), als plötzlich jemand hereinkam und das Licht anmachte. Das wäre an sich schon schlimm genug gewesen, aber es war noch schlimmer – dieser Jemand war seine Frau.

Seine Frau hatte kurz darauf eine Fehlgeburt (fünf Jahre Behandlung, um endlich schwanger zu werden, und die Ehe im Eimer, einfach so), woraufhin ihr Gregory auf Sallys Rat hin alles überließ: das Haus in Putney, das Hochzeitssilber, die Tiffanylampe und die meisten ihrer gemeinsamen Freunde. Gregory nahm den Verlust tapfer hin:

»Wenigstens hab ich dich«, sagte er und schloß sie in die Arme, »das entschädigt mich für alles.«

»Ich hätte sie schon vor Jahren verlassen sollen«, log er, als er mit seinen billigen Pappkartons und Einkaufstaschen in ihrer Wohnung auftauchte. Sally sah angewidert zu, wie er eine Tasche mit Spielsachen auspackte und die schmuddeligen Relikte seiner Kindheit sentimental mit zärtlichem Blick aus feuchten Augen betrachtete. Ein rosa Plüschschweinchen zierte nun ihr Bett und wollte so gar nicht zu dem schlichten Futon mit seiner groben Baumwolltagesdecke und den bewußt kahlen Wänden passen. Schlimmer noch war eine blaßblaue Spieldose, die mit »Bunnyhäschen« bemalt war, wie Gregory sie nannte, und nun auf dem Regal neben Sallys Plattensammlung stand. Sie hätte am liebsten jedesmal geschrien, wenn er das blöde Ding aufzog und die alberne Kindermelodie mitträllerte.

»Ja, bitte einen netten ruhigen Tisch für meine Verlobte und mich.« Sally zuckte bei dem Wort »Verlobte« zusammen, als sie hörte, wie er telefonisch einen Tisch für ihr Valentinstag-Essen reservierte. Gregory war am Tag zuvor auf Sallys Bitte hin im Krankenhaus gewesen. Das Muttermal auf seinem Rücken, das Gewächs von der Farbe rohen Hähnchenfleisches, so groß wie ein Gummibärchen, mit einem weiteren, noch runzligeren Miniaturmuttermal gekrönt und mit Haaren oben drauf, war verschwunden. »Gutartig«, sagte der Arzt, aber für Sally war es alles andere als gutartig. Zu Anfang war es ihr gar nicht aufgefallen, doch mit der Zeit entwickelte es sich so sehr zum Zentrum ihres Ekels, daß es in ihrer Vorstellung immer größer wurde, bis es die Ausmaße einer Nacktschnecke angenommen hatte. Seine Tage waren gezählt.

Sally fühlte sich schuldig, als Gregory nach Hause kam und vier Stiche nun die aufgeschnittene Haut an der Stelle zusammenhielten, wo sein ganzes Leben lang das Muttermal gewesen war. »Das gibt eine Narbe«, sagte er, das Hemd hochgezogen, damit sie den Schaden begutachtete. Sally war trauriger denn je: Sie wußte, daß sie die Narbe genauso widerwärtig finden würde wie das Muttermal, das sie vor ihrem geistigen Auge sehen konnte, den Stiel eingelegt in eine Petri-Schale im Krankenhaus.

Und so bemühte sie sich beim Abendessen nach Kräften, nett zu ihm zu sein. Na ja, in Wahrheit versuchte sie, sich dazu zu zwingen, ihn sich schön zu malen, schließlich war Valentinstag, und es war abzusehen, daß er später mit ihr ins Bett wollte. Gregory hatte ein feingeschnittenes Gesicht mit einer Adlernase und dichtes Haar, das sich gelockt hätte, wenn er es nicht so kurz hätte schneiden lassen. Sally dachte zurück an ihre leidenschaftliche Begegnung mit ihm in dem Garderobenzimmer auf der Party. Sein Hemd ausgezogen, das krause Haar auf seiner Brust, die Überraschung, daß seine Oberarme muskulöser waren, als sie erwartet hatte, der Anblick ihrer Beine, die so braun waren im Vergleich zu seinen dünnen, weißen Oberschenkeln. Seine käsigen Achselhaare hatte sie noch nicht entdeckt, die er morgens ihren Blicken darbot, wenn er mit einem Arm hinter dem Kopf im Bett lag und las. Sie hatte noch nicht gewußt, daß er fuchsrotes, borstiges Schamhaar hatte. Damals hatte sie auch noch nicht die unangenehme Erfahrung gemacht, in der lauwarmen Brühe seines Badewassers zu baden, weil er das ganze heiße Wasser verbraucht hatte, oder die kleinen, steifen orangeroten Haare an der Seife zu entdecken und ihn später an ihrem Haar zu riechen.

Von dem Muttermal hatte sie auch keine Ahnung gehabt. Sie versuchte, jetzt nicht daran zu denken. Sie versuchte, nicht an die Stelle auf seinem Rücken zu denken, wo es gewesen war, und nicht an die gekräuselte Haut zwischen den schwarzen Stichen.

Sie saß auf der samtgepolsterten Bank und ließ den Blick durch das Restaurant schweifen; sie blickte zu dem Tisch hinüber, wo Büroangestellte mit rosa Champagner und anzüglichen Scherzen einen Geburtstag feierten, betrachtete das Ehepaar, bei dem beide schwiegen, sich aber über ihren Tellern mit Pasta exakt synchron bewegten wie Spiegelbilder; sie hoben und senkten in vollendetem Einklang die Gabeln, kauten und tranken ihren Pouilly Fumé, als wären sie zu Hause. Sie blickte zu dem schönen jungen Mann mit dunklem Haar und anthrazitfarbenem Jackett, dessen Freundin mit der Kerze spielte, die den Tisch zwischen ihnen erhellte. Sally meinte, in den Augen der Frau Tränen zu sehen. Gregory redete ohne Unterlaß, schaute sie mit den strahlenden Augen eines Kindes an, lachte über alles, was sie sagte, hielt sie für eine geborene Komikerin, auch wenn sie etwas ernst meinte. »Mein kleines Hühnchen«, nannte er sie. Hühnerkacke, dachte Sally. Als sie von dem schweren Rotwein trank, beugte er sich vor, strich ihr zärtlich eine Haarsträhne aus der Stirn und schob sie ihr hinters Ohr.

Gregory redete noch immer, während er sich Risotto in den Mund schaufelte. »Und ich dachte noch so, der Arzt kommt dir doch irgendwie bekannt vor«, sagte er, als er von seinem Nachmittag im Krankenhaus erzählte. »Und tatsächlich, es ist Geoff, der gegenüber von meinem alten ehelichen Heim wohnt und im Sommer immer bei uns auf der Krocketparty war. Die Welt ist wirklich klein, was?«

»Das alte eheliche Heim« wurde häufig von Gregory erwähnt und löste bei Sally jedesmal Panik aus. Es war die Panik der Verurteilten, wie bei einem Häftling, der mit seinem Verbrechen konfrontiert wird. Sie wußte alles über sein altes eheliches Heim, und sie wußte, was sie ihm genommen hatte. Sie wußte von dem alten ehelichen Bidet, das mit Cherubinen verziert war, sie wußte von den ehelichen Urlauben mit alten Freunden aus Unizeiten, und sie wußte, wieviel Spaß diese Freunde jedes Jahr auf der ehelichen Krocketparty gehabt hatten. Sie wußte auch, daß die Zufahrt zu seinem alten ehelichen Heim von Kirschbäumen gesäumt war, weil sein silberfarbener, ehemals ehelicher Alfa Romeo bei ihren wenigen heimlichen Treffen voller rosa Blüten gewesen war.

»Jedenfalls, wir sind ins Plaudern geraten, während wir auf die Anästhesistin warteten, und er ist wirklich ein netter Kerl, obwohl ich seine Frau als etwas langweilig in Erinnerung habe«, fuhr Gregory fort, die Zähne schwarz von dem in seiner Tinte gegarten Kalmar mit Risotto. »Ich habe sie für Samstag zum Abendessen eingeladen. Das ist wirklich das mindeste, was ich tun konnte, wo er doch an meinem guten alten Rücken so gute Arbeit geleistet hat«, fügte er hinzu, und die schwarze Tinte hob die haarfeine Maserung der fünfundvierzig Jahre alten Zähne hervor wie die Glasur von altem Keramikgeschirr. Sie tat wirklich reichlich Buße.

Sally entschuldigte sich und stand auf. Auf dem Weg zur Toilette kam sie an dem schönen jungen Mann in dem anthrazitfarbenen Jackett vorbei. Sie bemerkte seine sanften haselnußbraunen Augen mit sandfarbenen

Wimpern, während er seiner verweint wirkenden Freundin in einen schwarzen Lammfellmantel half. Die Frau sah aus der Nähe älter aus, fast so alt wie Gregory, und Sally dachte, wie ungerecht es doch war, daß das Leben ihr so mitspielte, während die weinende Frau das große Los gezogen hatte. Was für ein schöner junger Mann. Sie sah seinen grauen Seidenschal zu Boden fallen, als sie an ihm vorbei durch die Garderobe ging und die mit einem verschnörkelten »D« versehene Tür aufstieß. Sie saß lange auf dem Klodeckel, die Füße hochgezogen, den Kopf auf den Knien.

In solchen Momenten fühlte sie sich wie einst als Kind. Wie damals, als ihre Eltern ein neues Haus gekauft hatten und sie in ihrem neuen Bett gelegen hatte, in dem fremden Haus, das sie nicht ausstehen konnte; sie hatte ganz fest die Augen geschlossen und sich mit aller Macht gewünscht, daß sie den Umzug nur geträumt hatte, sich eingeredet, daß alles so wäre wie zuvor, sobald sie die Augen wieder öffnete, daß der vertraute Kastanienbaum wieder mit seinen Blättern über das Fenster in ihrem Zimmer streifen würde. Aber es hatte damals nicht funktioniert, und es funktionierte auch jetzt nicht. Als sie die Augen wieder öffnete, war sie noch immer in dem Restaurant, und sie wußte, daß Gregory und nicht ein schöner junger Mann mit warmen haselnußbraunen Augen am Tisch auf sie wartete.

Als sie wieder durch die Garderobe ging, sah sie, daß der graue Seidenschal noch immer dort auf dem Boden lag, wo der junge Mann ihn hatte fallen lassen. Sie hob ihn auf und hielt ihn kurz ans Gesicht, er roch nach Sommer und Limonen, und sie wußte, daß sie ihn behalten mußte. Verstohlen wie eine Ehebrecherin knüllte sie ihn zu einer Kugel zusammen und ließ ihn in ihrer Handtasche verschwinden.

»Alles in Ordnung?« fragte Gregory erwartungsgemäß, als sie wieder an dem Ecktisch Platz nahm. »Ich habe Toffeepudding mit zwei Löffeln bestellt, du weiß schon, der so schön klebt, aber wenn du was anderes möchtest, mußt du dem Ober schnell Bescheid sagen.« Sally fand, daß klebriger Toffeepudding ihr Leben derzeit genau auf den Punkt brachte.

Später im Bett lag Sally da, eine Hand unter ihrem Kopfkissen, und streichelte den grauen Seidenschal, stellte sich vor, wie der Geruch von Sommer und Limonen ihren Körper durchdrang, und sah im Geiste einen zerzausten dunklen Kopf neben sich. Als Gregory sich ihr zuwandte, sah sie seine Augen sanft haselnußbraun, nur einen Augenblick lang, bevor sie in dem dämmrigen Licht wieder wäßriggrau verblaßten.

»Mmm. Fandest du's auch so schön wie ich?« fragte er.

»Ja, es war toll«, sagte sie und zog ihre Hand unter dem Kopfkissen hervor, fort von ihrem weichen Geheimnis. Fast wie ihre Mutter gesagt hatte: Wie man sich bettet, so lügt man.

Die Börse der Meerjungfrau

Der junge Mann mit den warmen, haselnußbraunen Augen kommt sich vor wie im Scheinwerferlicht. Er hat das Gefühl aufzufallen, knallrot zu sein, als würden ihn die Blicke der anderen Gäste im Restaurant versengen.

»O Gott«, sagt er, als sie ihm eröffnet, daß sie schwanger ist. »Und was willst du machen?«

»Machen?« sagt Leoni. »Was meinst du mit *machen*?«

Er sieht zu, wie sie das Wachs wie kullernde Tränen von der Weinflasche pult, die als Kerzenständer dient. Er betrachtet ihre behenden Finger, die die Wachskügelchen rollen, knochiger, als er je bemerkt hat. Die bläulichen Adern und Sehnen zucken unter durchscheinender blasser Haut, die sich dünn über den Knöcheln spannt.

Er denkt an die hübsche Charlotte, seine Freundin. Was soll er ihr bloß diesmal erzählen? Er denkt an Charlottes Rücken, der sich wie ein gespannter Bogen bäumt. Und sich dann von ihm abwendet, wenn sie einschläft. Charlottes Rücken. Honigfarben, weich, wie frisch gebügelte Seide.

»Ich habe nicht das Zeug zum Vater«, sagt er und klingt wie ein schmollender Teenager, der bei einem Streich auf frischer Tat ertappt worden ist. Ein Baby!

Was soll er denn seinen Eltern sagen? Seine Mutter hat ganz sicher auch noch nicht das Zeug zur Oma.

Charlotte würde ihn ohrfeigen, so, wie sie es schon einmal getan und dann geschworen hat, es nie wieder zu tun. »Das nächste Mal gehe ich«, sagte sie, während sie sich zitternd die Hand rieb.

Nicht das Zeug zum Vater. Leoni seufzt, sie kennt Len nicht gut genug, um mit ihm zu streiten.

»Bist du sicher? Bist du eindeutig schwanger?«

»Ich habe heute morgen den Test gemacht.« In dem Augenblick, als der Teststreifen rosa wurde, wußte Leoni – weiblicher Instinkt –, daß Len aus ihrem Leben verschwinden würde. Aber sie hatte mit sich selbst einen Pakt geschlossen. Sie wollte einen Mann, und sie wollte ein Baby, aber in ihrem Alter nicht unbedingt in dieser Reihenfolge.

Leoni nickt, blickt noch immer nach unten auf die Wachsperle, die sie zwischen den Fingern rollt. Ihm zuliebe unterdrückt sie ein Lächeln. »Ja, ich bin sicher. Ich bekomme ein Baby.«

Sie blickt Len an, jetzt unerreichbar jenseits der rosa Fläche des Leinentischtuchs, und wieder auf das warme Wachs in ihrer Hand. Im Grunde ist er noch ein Kind, denkt sie, und sie eine erwachsene Frau. Sie hört das Klimpern des Bestecks und die halblauten Gespräche von den Nebentischen, nimmt aber keinen der Gäste wahr. Len schaut sie über seine Hände hinweg an, die er auf beide Wangen gepreßt hat, so daß die Haut an den Schläfen zusammengedrückt wird und seine Augen seitlich verzogen wirken. Wie ein Hai, denkt Leoni und sieht förmlich, wie er sich in panischer Angst an Deck windet.

Nein, das ist nicht fair von ihr, beschließt sie, wie sie es sich schon vorher überlegt hatte; sie sollte ihn vom Haken lassen. Sie hat einen salzigen Geschmack im Mund. Sie nimmt einen tiefen Schluck aus ihrem Wasserglas.

»Natürlich«, sagt sie, mit sich selbst ringend, »könnte es sein, daß das Baby gar nicht von dir ist.«

Len läßt seinen Oberkörper nach hinten gegen die Stuhllehne fallen, seine Schultern sacken deutlich sichtbar nach unten, als sie ihn in die Freiheit entläßt.

»O Gott«, sagt er und sucht ihre Augen. »O Gott, ist das dein Ernst? Das Baby ist nicht von mir?«

»Ich weiß es nicht.«

»Es ist nicht von mir, stimmt's?«

Er ist wirklich ein Kind, denkt sie. Er fleht sie an, ihn zu beruhigen. Ihm etwas zu versichern, das sie selbst nicht wissen kann.

»Ich hab mir schon gedacht, daß du mit diesem Typen aus Boston geschlafen hast. Diesem Schriftsteller. Hast du doch, oder?«

Der Kellner kommt näher. Len sieht so erleichtert aus, daß Leoni schon fürchtet, er könnte anfangen, dem ganzen Restaurant Einzelheiten ihres Sexuallebens zu verkünden.

»Psst!« sagt sie. »Sei still!«

»Ich finde, wir sollten nur ein Hauptgericht nehmen und dann verschwinden«, schlägt Len vor, während der Kellner wartend dasteht, mit gezücktem Bestellblock. Er läßt mir noch nicht mal Zeit für ein Menü, denkt Leoni, er will nur noch weg.

»Dann nehme ich nur die Scholle.«

»Gut, die nehme ich auch«, sagt Len mit abwesendem Blick Richtung Ausgangstür. Er kann nicht auf die Speisekarte sehen, er will Leoni nicht ansehen.

Ja, sie hat zwei Tage mit dem Drehbuchautor verbracht, erzählt sie ihm. Und dann ist da noch Paul. Seit Jahren schläft sie mit Paul, immer mal wieder, hauptsächlich, weil er ihr leid tut. Das erste Mal passierte schon Jahre bevor er den Gehirntumor bekam und dann die Muskulatur der linken Gesichtshälfte nicht mehr kontrollieren konnte. Das machte zwar nicht viel, aber er ist so verbittert über diesen Schicksalsschlag, daß sich niemand sonst noch mit ihm einlassen will.

Und dann war da dieser schändliche Abend mit Claras Robert. Clara hat schon immer gesagt, daß Leoni Ärger bedeutet, dabei wußte sie bei weitem nicht alles. Sie sind die längste Zeit ihres Lebens befreundet. Leoni weiß noch, wie sie in der Schule Cognac aus dem Hauswirtschaftsraum geklaut hat und Clara mit ihr gemeinsam verdonnert wurde. Leoni hatte den Viertelliter Hennessy in einem Tupperbehälter der dritten Klasse entdeckt – sie backten gerade Weihnachtsplätzchen – und ihn mit in den roten Ziegelbunker vor dem Bioraum genommen, wo sie und Clara ihn gemeinsam mit den Downey-Zwillingen Pete und Ian schlürften, während die zahme alte Krähe, das inoffizielle Schulmaskottchen, in ihrem Maschendrahtverhau wütend auf und ab hüpfte. Beide Mädchen gaben beiden Zwillingen Zungenküsse, um festzustellen, ob sie genau gleich küßten. »Es war ein wissenschaftliches Experiment«, gab Leoni später als Erklärung an. Aber sie bekamen trotzdem alle Arrest und einen Beschwerdebrief nach Hause.

Claras Mom verbot Clara danach für eine Weile den

Umgang mit Leoni. Das war keine große Kunst, da Leoni ohnehin für den Rest des Schuljahres vom Unterricht suspendiert wurde, weil sie die Weihnachskrippe der Schule geplündert und ein Erpresserschreiben hinterlassen hatte, in dem sie fünf Pfund Lösegeld für die sichere Rückkehr des Jesuskindes forderte.

Aber Clara blieb trotzdem ihre beste Freundin, bis heute. Und was war Leoni für eine Freundin. Bei aller Scham kann sie sich selbst nicht mal erklären, wie sie mit Robert, Claras Ehemann, im Bett landen konnte.

Aber er war so überaus vorsichtig gewesen, Gott sei Dank. Während sie dalag, mit vibrierendem Körper, und sich in dem Moment nichts sehnlicher wünschte, als daß er tief in ihr drin blieb, am liebsten für immer, zog er sich zurück. Er war noch immer über ihr. Sie fing an zu weinen. »Ich wußte nicht, ob du die Pille nimmst«, sagte er. Umsichtiger Robert. Ach, Clara.

Auf der Wahrscheinlichkeitsskala, überlegt Leoni, ist der Vater mit fast absoluter Sicherheit Len. Len, der Unwiderstehliche – »mein allererster Lustknabe«, hatte sie zu Clara gesagt, – mit seinem lockigen Haar und den melancholischen Schwarzweißlandschaften, die im wohligen dämmrigen Rotlicht seiner Dunkelkammer wie Wäsche zum Trocknen aufgehängt waren.

Len mit den starken Handgelenken unter den ausgefransten Ärmeln seines schwarzen Pullovers. Die Handgelenke, seine Hände am Lenkrad, als er seine verruchte ältere Geliebte nach Wales fuhr, zu seiner Wohnung am Strand bei Cardiff. Vom Balkon aus beobachteten sie die Surfer beim Wellenreiten, schwarze Neoprenanzüge mit Neonstreifen, wie sie über das tosende Meer kurvten, mit rasender Geschwindigkeit herabstießen, sich trotzdem auf den Beinen hielten und wie hüpfende Steine über das Wasser auf den Strand zujagten.

Leoni und Len tranken Wodka mit Grapefruitsaft, machten auf traute Zweisamkeit, sahen zu, wie die Sonne über dem Meer unterging, und spazierten den Kiespfad zum Strand hinunter. Sie gingen barfuß durchs seichte Wasser, hoben Steine auf und warfen sie ins Meer. Weiße Mondsteine, die über das schwarze Wasser tanzten, um dann von den Wellen verschlungen zu werden.

»Sieh mal«, sagte Leoni, eine winzige schwarze Schale in der Hand haltend, »die Börse einer Meerjungfrau.« Es klimperte darin, als sie die Schale schüttelte. »Haifischeier!« sagte sie. Von einem schützenden Panzer umhüllte Haieier. Dann, von plötzlichem Übermut gepackt, zog sie ihre Sachen aus und rannte in das nachtschwarze Meer, warf ihren mondsilbrigen Körper in die Wellen, die sie in einem Strudel aus Sand und Gischt zurück ans Ufer zu Len schleuderten. Er rief vom Strand aus: »Nur du!«

Eine haushohe Welle tauchte sie unter, sie wurde herumgewirbelt, Salzwasser strömte durch sie hindurch, und dann spie das Meer sie wieder von sich, aus dem Schaum heraus auf den Strand, keuchend, zerkratzt, das Haar wie Schlangen im Gesicht. »Nur du!« sagte Len erneut und kam zu ihr gelaufen. »Nur du kommst auf so eine Idee!« Und sie lag da im Sand. Ihm vor die Füße gespült. Danach saßen sie auf seinem Balkon. Leoni in seine Decke gehüllt. Sie hatte nicht gebadet und schlug immer wieder die Beine übereinander, genoß die klebrige Spur und den Sand auf ihren Schenkeln.

Nur ein glänzendes Fischskelett, in seiner Vollständigkeit wie aus einem Cartoon entlehnt, und ein Zitronenviertel liegen noch auf Lens Teller. Leoni hat nur ein paar Bissen von ihrem Fisch gegessen, während er in derselben Zeit seine Scholle seziert und verspeist hat.

»Ich will das Baby, Len«, sagt Leoni und gießt sich Wasser ins Glas. »Ich erwarte nichts von dir.«

»Aber was, wenn ich der Vater bin, was dann?« Len tupft sich energisch den Mund mit der rosafarbenen Serviette ab. »Das kannst du mir nicht antun«, sagt er. »Ich hoffe bloß, daß es nicht von mir ist.«

Leoni weiß, daß er die Ehrlichkeit eines Kindes hat, doch seine Worte lassen sie irgendwo in ihrem Innern zusammensacken, wie nach einem Schlag in die Magengrube. In dem Märchen, das sie sich vor diesem Abend zusammenphantasierte, hatte sie sich ausgemalt, daß er sie begeistert in seine warmen Arme schloß. »Es hat so sein sollen!« sagte der Märchen-Len.

»Es tut mir leid«, sagt sie, während ihre Augen feucht werden. »Ich reagiere anscheinend überemotional.« (*Überemotional!* Er könnte immerhin der Vater meines Kindes sein, denkt sie.) »Liegt bestimmt an den Hormonen.«

Der Kellner räumt die Teller ab. Er starrt Leonis ungegessene Scholle an, auf seinem Gesicht malt sich gespielte Sorge ab, eine Frage. »Ich fürchte, das war ein Mißverständnis«, raunt sie. »Ich wollte eine Eisscholle, keine Seescholle.«

»Verzeihung?« Der Kellner ist gereizt. Dieser Tisch war für ein ganzes Dinner reserviert, nicht nur für einen raschen Gang, würde er ihnen am liebsten sagen. Und noch nicht mal eine anständige Flasche Wein. Wenn er das Zeug da trinken würde, bekäme er einen fürchterlichen Kater.

»Schon gut. Es war perfekt, großartig, aber ich bin schwanger. Ich muß etwas maßhalten, schließlich esse ich für zwei«, sagte Leoni, ohne das Essen anzusehen, ohne den Kellner anzusehen, ohne zu lächeln.

Sie ist froh, daß Len nicht lacht. Zumindest greift er über den Tisch und nimmt ihre Hand. Er mag das Gefühl nicht, zwingt sich aber, sie festzuhalten.

»Darf ich dir sagen, was ich denke?« sagt er.

»Bitte«, sagt Leoni, doch durch die Art, wie er ihre Hand hält, weiß sie bereits, was er denkt. Es fühlt sich an, als wollte er sie schütteln, wie ein Geschäftsmann bei Vertragsabschluß.

»Ich weiß, daß das in deinem Alter nicht leicht ist, aber ich denke, du solltest abtreiben. Es ist dem Kind gegenüber nicht fair. Es ist nicht fair, wenn das Kind noch nicht mal weiß, wer sein Vater ist. Und falls ich es bin, nun ja, wir haben ja wohl kaum eine feste Beziehung. Was willst du dem Kind erzählen?«

»Len«, sagt sie und zieht ihre Finger aus seinen, »du mußt nicht in meinem Leben bleiben. Sei mir nicht böse, ja? Aber was ich meinem Kind erzähle, ist ganz allein meine Sache.«

Leoni und Len verabschieden sich, als das Taxi ihn an der Paddington Station absetzt. Sie haben kaum ein Wort gesprochen, seit sie das Restaurant verließen. Wie Fremde standen sie da und versuchten, ein Taxi zu kriegen. Sie teilen sich nur deshalb eins, weil sie zufällig in dieselbe Richtung müssen.

»Also, dann fahre ich jetzt einfach nach Cardiff zurück, und das war's dann?« sagt Len, als sie dem

Bahnhof immer näher kommen. Leoni zählt die Sekunden, sie weiß, daß sie ihn nicht wiedersehen wird, wenn er erst einmal im Zug sitzt. Die Märchenstimme beteuert, daß noch immer Zeit ist, daß er seine Meinung noch ändern kann, die coole Stimme weiß, daß er das nicht tun wird. Ein Baby war nie Bestandteil *seines* Märchens. Nylonstrümpfe ja. Mondschein und Strände. Und die geographische Distanz zwischen ihnen, auch die war Teil seines Märchens. Sie kann jetzt klarsehen, und der Bahnhof kommt in Sicht. Als der Fahrer hält, berühren sich kurz ihre Fingerspitzen.

»Was soll ich sagen?« sagte er, während er die Tür öffnet. »Soll ich dir was für das Taxi geben?«

Da muß Leoni beinahe lachen. »Nein, du mußt mir gar nichts geben«, sagt sie und sieht ihm nach, wie er beinahe schlafwandlerisch über die Straße stolpert und verschwindet.

Während der ganzen Schwangerschaft spricht Leoni mit ihrem Baby. »Dein Daddy war ein wunderbarer Mann!« Je mehr das Baby heranwächst, desto mehr geht Leoni diese Fiktion gegen den Strich. Sie möchte unbedingt wissen, wer der Vater ihres Kindes ist.

Sie spricht mit anderen Frauen bei der Schwangerschaftsgymnastik; es ist spannend, als müßte man neun Monate warten, bis man ein Geschenk aufmachen darf, da sind sich alle einig. Oder ein neues Rezept kosten darf. Ein Kuchen im Ofen! Nur in ihrem Fall hat sie keine blasse Ahnung, was sie erwarten soll, da ihr die Hälfte der Zutaten noch immer ein Rätsel ist. Sie kann es kaum erwarten, daß das Baby zur Welt kommt, und sie brennt darauf, die Gesichtszüge zu sehen, die ihr die

Wahrheit offenbaren werden. Im Geiste versucht sie, die Rolle des Vaters mit Paul oder dem Amerikaner zu besetzen, doch meistens mit Len, aber ihr Geist weigert sich mitzuspielen. »Samenspender, Samenspender«, berichtigt eine Stimme in ihrem Kopf. »Der biologische Vater«, sagt Clara, »meinst du nicht, das Baby wird wissen wollen, wer sein biologischer Vater ist?«

Leoni weiß, daß die Wehen eingesetzt haben. Draußen ist es dunkel. Es regnet gleichmäßig, und die Fensterscheiben sind beschlagen. Sie geht ins Badezimmer und läßt die Wanne vollaufen. Gibt Rosen- und Geranienduft hinzu. Das Wasser schäumt. Staunend blickt sie auf ihren Bauch hinunter, der sich aus dem Wasser erhebt, rund, glänzend, und dann von den Muskeln, die das Baby umschließen, ganz eckig und hart gezogen wird. Sie liegt in der Wanne und träumt vom Meer.

Sie verliert jedes Zeitgefühl. Das Badewasser ist inzwischen lauwarm. Sie taucht mit dem Kopf unter Wasser und leert ihre Lungen, am lautesten auf dem Höhepunkt jeder Wehe, dann Stille. Sie ist trunken, schwebt auf Endorphinen, während ihr Körper sich erneut entspannt. Sie denkt an die Surfer und reitet auf jeder Welle, verdreht den Körper, fängt die volle Wucht auf, fest entschlossen, sich nicht umwerfen zu lassen, als die Kraft ihren Höhepunkt erreicht, dann jagt sie hinab, in die Flaute hinein, und wartet auf die nächste Welle, und auf die nächste.

Sie ist aus der Wanne gestiegen, Tropfpfützen um ihre Füße. Sie geht auf und ab, vom Fenster zum Bett, vom Bett zum Fenster, konzentriert sich auf die Linien im Teppich, rollt sich zu einem Ball zusammen und fällt manchmal zu Boden, wenn die Kraft in ihrem Innern sie packt, hält ihr stand und wird in den nächsten Moment der Ruhe hineingeschwemmt, wenn sie wieder auf den Beinen ist und auf und ab marschiert. Sie beobachtet den Sekundenzeiger auf der Uhr, fängt an zu zählen, als er die Zwölf passiert. Er umrundet das Zifferblatt jeweils genau sechsmal, wenn eine Wehe einsetzt. Sie hat keine Ahnung, wieviel Uhr es ist, nur noch die Minuten interessieren sie.

Sie wartet, bis wieder eine Wehe den Höhepunkt überschritten hat, dann ruft sie ein Taxi. »Kommt schon. Kommt schon!« Das Telefon klingelt so lange, sie muß die Worte, ihre Adresse, herausgebracht haben, bevor die nächste Welle zuschlägt. Sie ruft das Krankenhaus an. »Es ist soweit. Ich bin unterwegs.«

»Ich muß mich anziehen, ich muß mich jetzt anziehen.« Mühsam zieht sie ihre Sachen an, die auf einem Haufen neben der Wanne liegen, völlig durchnäßt von dem Wasser, das überallhin geschwappt ist. »Wo sind meine Schuhe?« Sie weiß nicht mehr, wo irgendwas ist, als eine neue Flutwelle durch ihren Körper braust. Sie weiß, daß sie schon längst hätte dort sein sollen.

Der Taxifahrer klingelt an der Haustür. Leoni sieht auf die Uhr; absurderweise rechnet sie sich aus, daß sie es, wenn sie abwartet, bis die nächste Wehe vorüber ist, und wenn er die direkte Route nimmt, bis zum Krankenhaus schaffen kann, ohne ihn allzusehr zu beunruhigen.

Sie nimmt all ihre Kraft zusammen und öffnet die Tür. Dem Taxifahrer genügt ein Blick auf die Frau mit dem triefenden Haar und der nassen Kleidung, und er weiß, was los ist. »Ich kann Sie nicht fahren, Sie müssen einen Krankenwagen rufen«, sagt er. Leoni steht in der Tür. »Bitte«, sagt sie, und dann zerrt sie an seinem Ärmel, als der Schmerz in ihr aufbrandet, und ihre Knie geben nach.

»Kommen Sie wieder mit rein. Ich rufe für Sie im Krankenhaus an.« Der Taxifahrer trägt sie halb durch die Tür, halb schiebt er sie. »Also, welches Krankenhaus? Sagen Sie mir, wo ich anrufen soll. Um Himmels willen.« Leoni rollt von einer Seite auf die andere, die Augen geschlossen. Sie nennt ihm den Namen des Krankenhauses. »Ich kann kein Baby auf die Welt holen«, sagt er und eilt durch das Zimmer zum Telefon. »Wo ist denn Ihr Mann? Soll ich ihn anrufen? Der sollte eigentlich hier sein.«

Die Hebamme ist am Telefon, der Taxifahrer hat das Gefühl, jetzt nicht gehen zu können, aber er will diese um sich schlagende, schreiende Frau auch nicht anfassen. Die Wehen lassen keine Zeit für Konversation. »Sie bleiben da. Wir schicken jemanden zu Ihnen.« Leoni kann sich nicht von der Stelle im Flur wegbewegen, wo sie versucht, wieder auf die Beine zu kommen, als sie erneut von der Kraft umgeworfen wird. Irgendwie schafft sie es, jetzt kriechend, zurück ins Badezimmer und erbricht sich in die Toilette. Der Taxifahrer steht vor der Badezimmertür und betet laut zu Gott.

Er macht schnell den Weg frei, als der Krankenwagen eintrifft, und sagt zu der Hebamme: »Verdammt! Das war knapp. Wenn's ein Junge wird, sorgen Sie dafür, daß sie ihn Sam nennt, nach mir, ja? Also ehrlich, Leute. Und verflucht noch mal, weit und breit kein Ehemann in Sicht.« Die Hebamme wirft einen Blick auf Leoni und weiß, daß das eine Hausgeburt wird.

Sie läßt Wasser in die Badewanne laufen. »Möchten Sie in die Wanne?« Leoni hört die Worte, aber sie bedeuten nichts. Sie hält den Wannenrand umklammert und weiß, daß sie reagieren muß. »Ja«, sagt sie und meint: »Ich weiß nicht.« Sie kann sich nicht von der Stelle rühren. Sie spürt einen solchen Druck nach unten, als würden ihr gleich die Eingeweide bersten, während sie dahockt. Die Hebamme ist seit drei Minuten da, doch Leoni hat das Gefühl, als wären erst Sekunden verstrichen. Oder Stunden. »Ich will pressen.« – »Gut«, sagt die Hebamme, »dann sollten Sie aber Ihren Schlüpfer ausziehen.« Die Hebamme hilft ihr, die Unterhose auszuziehen, Rock und Pullover behält sie an. Eine weitere gewaltige Wehe drückt sie nieder, tief in sich selbst hinein, während die Hebamme ihr mit den Fingern gegen das Steißbein preßt.

Dann wirft sie sich selbst in die Welle, es dröhnt in ihren Ohren, wie das Schreien ihrer eigenen Stimme, aber es kommt von jenseits eines Tales und hallt zu ihr zurück. Noch einmal, und dann spritzt ein berstender Stern himbeerrot auf die Handtücher unter ihren Beinen. »Das Köpfchen kommt«, sagt die Hebamme. Noch eine Weile, und diesmal kann Leoni eine andere Stimme hören, aber näher als ihre eigene. Sie spürt Vibrationen vom Weinen, als der Kopf ihres Babys zur Welt kommt, und dann, mit einem Schub, ist das Kind frei von ihrem Körper. Leoni hält ihr Baby im Arm. Glitschiges Meerjungfrauenbaby, Hände greifen nach Luft und versuchen, die kühle Leichtigkeit zu verstehen, die zwischen den Fingern hindurchgleitet.

»Ist mein Baby da?« Leoni ist wie geblendet, als sie aus dem Tunnel auftaucht, triumphierend, einen neuen

Menschen im Arm haltend. Die Hebamme lacht. »Ein hübsches Mädchen. Ja.« Winzige Puppenfinger, die sich öffnen und schließen, verloren im Raum. »Ein Mädchen!« Leoni ist zum erstenmal vom Blick ihrer Tochter gebannt. Sie schaut tief in Augen, die alle Farben der Welt haben, unter einer hohen Stirn und einem nassen dunklen Haarschopf. Die Kleine ist so erstaunt, als sie Leoni anstarrt, als hätte sie ein Geschenk ausgepackt. »Da schau her«, scheint sie zu sagen, »eine Mutter, genau, was ich mir immer gewünscht habe.«

Leoni lacht, als sie ihre Tochter im Arm hält, und Tränen strömen ihr übers Gesicht. »Wer bist du?« flüstert sie, aber als sie es ausspricht, wird ihr klar, daß sie diesen Menschen kennt, schon immer kannte. Sie ist ihm bloß erst jetzt begegnet. Und der Vater ihres Babys? Die Frage ist ihr gar nicht mehr in den Sinn gekommen.

»Da bist du ja. Nicht weinen, meine Kleine. Ach, nicht weinen. Ich liebe dich, ich liebe dich. Ich liebe dich!«

Daddys Liebling

Formen im Dunkeln. Scheinbar monochrom, doch in einem vertrauten Raum durch das geistige Auge mit Farbe versehen. An der Tür hängt ihr Morgenrock; kirschrot, einst flauschig, inzwischen vom vielen Tragen rauh geworden. Darunter ihr erstes Partykleid, mitternachtsblauer Samt mit Spitzenkragen und einem winzigen Jäckchen, dessen Knöpfe aus echtem Silber von oben nach unten gelesen ihren Namen ergeben – E oben am Kragen, M, I, L und Y unten an der Taille –, jeder einzelne handgefertigt von dem Silberschmied, der am Ende der Straße gewohnt hatte. Auf ihrem Nachttisch ein Ahornholzrahmen mit der Fotografie einer fünfjährigen Emily, wie sie das Kleidchen trägt. Ein kleines Mädchen mit herzförmigem Gesicht, das in die Kamera lacht, auf den Knien seines Vaters. Der Vater mit südländisch anmutendem Profil, wie er seiner Tochter offenbar etwas ins Ohr flüstert. Etwas Süßes und Wichtiges, ohne Zweifel, Belanglosigkeiten gehören nämlich nicht zu seinem Repertoire.

Später wird das rötlichwarme Licht der Morgendämmerung durch die erdbeerfarbenen Rohseidenvorhänge dringen, und Popinjay, Emilys Siamkatze (ein Überraschungsgeschenk von ihrem Vater zu ihrem letzten

Geburtstag und das vollkommene Ebenbild der Popinjay, die ihr vorausging), wird sich lautlos auf das Kissen der schlafenden jungen Frau schleichen. Doch im Augenblick schwebt sie auf ihrem Wasserbett, eingehüllt in Decken, einen seidigen Zipfel gegen die Wange gedrückt, weniger eine Schmusedecke als vielmehr ein Rettungsfloß.

Auf der anderen Seite des Bettes dümpelt ihr Ehemann. Wieder wach, die Arme über den Ozean des Bettes hinweg nach ihr ausgestreckt, nachdem er zuvor unmißverständlich abgewiesen worden war: »Nein, jetzt nicht, Richard«, sagte sie. »Aber Emily, wir sind im Bett«, flehte er, »Samstag nacht, wenn nicht jetzt, wann dann?« Es war ihm zuwider, wenn er sich anhörte wie ein Sexbesessener. Ihre Augen waren trübe, er mutmaßte, daß zumindest Teile ihres Körpers bereits schliefen. Sie rollte sich in die Laken ein, drückte das Kissen an die Brust. »Ich bin so müde, bitte, mach mir kein schlechtes Gewissen.«

Richard überlegt, ob er die Dinge selbst in die Hand nehmen soll. Wie so oft entscheidet er sich gegen die Solonummer, weil das verdammte Bett, eines der vielen umsichtigen Geschenke von Emilys Vater, sein heimliches Tun verraten und einen Sturm aufwirbeln könnte, so daß er am Ende vielleicht schiffbrüchig im Gästezimmer angespült würde.

Auf seinem Nachttisch steht ein passender Ahornholzrahmen mit seinem Lieblingsfoto. Es zeigt Emily und ihn, wie sie aus einem feierlich geschmückten Wagen winken, mit dem sie in die Flitterwochen fahren. Natürlich war nicht dieses Foto in der Zeitung erschienen, als sie geheiratet hatten. Nein, auf dem, das es in die Klatschspalten geschafft hatte, war er gar nicht drauf gewesen. Es war ein Paparazzi-Foto von Emily, wie sie am Arm ihres Vaters vor der Kirche eintrifft, mit der Überschrift »Tochter des Dramatikers heiratet«. Es hätte ihm weniger ausgemacht, wenn diese kleine Meldung nicht just in der Zeitung erschienen wäre, für die er als Reporter arbeitete. Selbstverständlich wurde sein Vater, ein Bauingenieur, mit keiner Silbe erwähnt. Man beachte das »ein«, denn solange sein Vater keine Bank überfiel, bestand wohl kaum eine Chance, daß er je »der« Bauingenieur werden würde. Eigentlich fast so wie bei ihm selbst; *ein* Journalist und manchmal Bücherrezensent, dessen Aussichten, *der* Autor und Kritiker zu werden, äußerst minimal waren, solange er als Gerichtsreporter Artikel von höchstens achthundert Wörtern über alte Damen schrieb, die Schweinekoteletts geklaut hatten, oder für das Feuilleton unter der Rubrik »Taschenbuch der Woche« seine Rezensionen verfaßte. Die einzige Möglichkeit, es doch noch zu jemandem mit einem »der« davor zu bringen, bot sich ihm vielleicht als *der* schriftstellernde Schwiegersohn von Englands größtem lebendem Dramatiker.

Und morgen würde Englands größter lebender Dramatiker sie besuchen kommen. Vermutlich war das der Grund, überlegt Richard, warum Emily die ganze Woche über so ausgesprochen sexunlustig, unpäßlich und in sich gekehrt gewesen war. Gestern war ihr dann sogar regelrecht schlecht geworden.

Sie waren dabei, das Gästezimmer für Emilys Vater herzurichten.

»Mensch, Emily, können wir uns die überhaupt leisten?« fragte er, als Emily neue weiße Leinenbettlaken auspackte.

»Wahrscheinlich nicht«, erwiderte sie und knüllte das Zellophan zu einem Ball zusammen, »aber die alten waren noch die orangefarbenen von deiner alten Bettwäsche, und ich hab mir einfach nicht vorstellen können, daß Daddy *darin* gerne schlafen würde.«

Er schrubbte gerade an einem übelriechenden kreisrunden Fleck im Teppich herum (schon lange hatte er Popinjay im Verdacht, daß sie dieses Zimmer heimtükkisch als Urinal mißbrauchte, wenn es draußen regnete oder kalt war, und als sie eine Kommode verrückten, hatte sich dieser Verdacht in all seiner widerwärtig feuchten Richtigkeit bestätigt).

»Soweit ich mich erinnere, war meine Bettwäsche nicht orange«, widersprach er, »eher terrakottafarben, und überhaupt, wenn du früher über Nacht bei mir geblieben bist, hast du dich jedenfalls nicht darüber beschwert.«

Emily rümpfte die Nase. »Sie war orange, und überhaupt, das war früher.« Ihre Kiefermuskulatur war angespannt. Richard wußte nicht, was sie mit diesem »das war früher« meinte.

Die schlimmste Sauerei war bereits beseitigt, und er arbeitete mit Schrubber und einer Plastikschüssel mit heißem Wasser und Domestos weiter. Er war drauf und dran, einen Streit anzufangen, und spürte schon, wie ihm das Blut in den Kopf stieg, als er bemerkte, daß Emily so weiß geworden war wie die Bettwäsche. Sie ließ sie fallen und erbrach sich ins Waschbecken. Ein starkes Stück, fand er, wo er es doch schließlich war, der sich mit den ekelerregenden Angewohnheiten ihrer

Katze befaßte. Dennoch zog er die Gummihandschuhe aus, rieb ihr den Rücken, und als sie nicht mehr würgte und zu schluchzen anfing, sagte er, sie solle doch versuchen, sich wegen des Besuchs ihres Vaters nicht so aufzuregen.

Ihr Vater war, wie er zugeben muß, überraschend lange fort gewesen. Bis zum Tag ihrer Hochzeit gab es in Emilys Leben, soweit er wußte, nur wenige Tage, die sie nicht zumindest teilweise mit ihrem Vater verbracht hatte. Und Vater und Tochter blieben einander weiterhin eng verbunden, auch nachdem sie einen Platz für ihn, Richard, gefunden hatte, zunächst in ihrem Bett, dann in ihrem Leben und schließlich, so sagte sie, in ihrem Herzen. Jeden Tag nach dem College besuchte Emily ihren Vater, um mit ihm irgend etwas zu spielen. Backgammon, Schach und Dame. Spiele für zwei Personen. Später am Abend traf sie sich dann mit ihm, ihrem liebeskranken Gespielen, und spielte ganz andere Spiele. Was sie da unter seinem terrakottafarbenen Federbett spielten, war eine ganz neue und abenteuerliche Zweierbeschäftigung, und sie akzeptierte sie ebenso bereitwillig wie die Küsse ihres Vaters. Und nun schläft dieselbe junge Frau neben ihm, seiner Spiele müde, den Rücken wie eine abweisende Sichel gekrümmt.

Wie konnte ich nur so dumm sein, mir einzubilden, es könnte anders sein, denkt er mißmutig, während er da im Dunkeln liegt. Nicht, daß er nicht gewarnt worden wäre, als er mit unbeschwerter Gewißheit davon ausging, daß sie tatsächlich eines Tages zu ihm gehören würde.

»Bist du sicher, daß er dir erlauben wird, sie zu heiraten?« sagte der alte Jake Selzer, der Theaterkritiker, der sich mit ihm bei der Zeitung den Schreibtisch teilte. »Ich kann mir nicht vorstellen, daß er dich auch nur annähernd gut genug für seine kleine Prinzessin findet.«

»Danke, Jake«, sagte Richard, »schön zu wissen, daß du so viel von mir hältst, demnächst kannst du dir deinen dämlichen Kaffee selber holen.«

»Komm schon, Richard«, sagte Jake und rührte zwei Süßstoffstückchen in seinen Styroporbecher. »Es liegt nicht an dir. Das wäre bei jedem anderen genauso. Der Mann hat die Kleine ganz allein großgezogen. Keine Kindermädchen, keine Haushälterinnen, nichts. Bloß die beiden. Das weißt du doch.«

Natürlich wußte Richard das nur allzu gut. Alle Welt sprach mit ebenso glühender Bewunderung von den außerordentlichen elterlichen Fähigkeiten des Vaters seiner Verlobten wie von dessen Dramen: Er war ihr Mutter und Vertraute und Vater zugleich gewesen. »Ein wunderbares Vorbild für alle Alleinerziehenden«, so die herrschende Meinung. Ach ja, und er war noch dazu ihr Spielkamerad und Idol gewesen, wie Richard aus seinen eigenen Beobachtungen und später von Emily selbst wußte.

»Hast du deinen Vater wirklich niemals gehaßt, wenigstens ein kleines bißchen?« fragte er einmal, als sie sich eines Samstags abends unter dem terrakottafarbenen Federbett einen postkoitalen Schokonußriegel teilten. »Meine Güte, wieso fragst du so was?« sagte Emily verwundert.

»Na, weil ich bisher immer dachte, daß das zum Erwachsenwerden einfach dazugehört. Du weißt schon, die ganze Wut, die man als Jugendlicher auf seine Eltern hat, man kann sie nicht ausstehen, verabscheut ihre Kleidung, läßt Türen knallen, ramponiert ihren Wagen und so weiter, das ist doch normal.« Emily lächelte ihn an. »Mag ja sein, daß du das für normal hältst«, sagte sie, »aber ich finde das absolut nicht normal. Ich kann mir nicht vorstellen, Daddy zu hassen. Wenn du meinst, das sei unnormal, nun denn, sei's drum.«

»Na gut, vielleicht ist ›hassen‹ zu stark«, lenkte er ein, »wie wär's mit bloß ein bißchen gereizt sein? Irgendwann in deinem Leben muß er dich doch auch mal genervt haben.«

»Nein, tut mir leid, dich enttäuschen zu müssen, aber, nein, Daddy hat mich nie genervt«, sagte sie, »aber du im Augenblick, und deshalb nimm das hier, und halt die Klappe.« Und sie fuhr ihm mit den Händen zwischen die Beine, ihr Mund schokoladig auf seinem. Er gab das Gespräch auf – mit Vergnügen.

Richard hatte zwar den Gekränkten gespielt, als der alte Jake Selzer ihn ausfragte, doch er mußte zugeben, daß er selbst, gelinde gesagt, überrascht war, als ihm der berühmte Mann seine Bitte, seine Tochter heiraten zu dürfen, tatsächlich mit offensichtlicher Unbekümmertheit gewährte. Seltsam, daß er von dem Tag, an dem er Emily einen Heiratsantrag gemacht und anschließend ihren Vater um die Hand seiner Tochter gebeten hatte, eigentlich mehr das Gespräch mit ihm als das mit ihr in Erinnerung hatte. Er wußte zwar noch, daß er bei Emily mit roten Rosen erschienen war, sich niedergekniet und mit verlegen hochrotem Kopf sein Sprüchlein aufgesagt hatte. Er erinnerte sich an Emilys Hand auf seiner Schulter, und daß er von seiner Position auf dem Schlafzimmerteppich aus zu ihren geistesabwesenden Augen aufgeblickt hatte, aber er konnte sich beim besten Willen nicht mehr erinnern, was sie eigentlich geantwortet hatte, nur, daß es weder ein klares »Ja« noch ein »Nein« gewesen war, eher ein unverbindliches Schulterzucken mit einem Lächeln – oder war es ein Lachen? –, und daß sie ihm nahegelegt hatte, bei ihrem Vater um ihre Hand anzuhalten.

Zwei Stunden später stand er dann mit knurrendem Magen und verschwitzten Händen vor der Haustür des großen Mannes in Oxfordshire, Emily neben sich, hübscher denn je in einem langen Baumwollkleid, das über und über mit Rosenblüten gemustert war.

Kaum waren sie in der Küche mit den schweren Eichenbalken an der Decke, da kam er auch schon zur Sache, während Emilys Vater mit einem Augenzwinkern in Richtung Tochter die gekühlte Flasche Krug, die er mitgebracht hatte – »Anlaß zum Feiern, was, Richard?« –, in einen Eimer mit Eiswürfeln stellte. »Tja, das hoffe ich«, erwiderte er und sagte dann: »Ich weiß, daß Sie es vielleicht für etwas verfrüht halten oder meinen, Emily sollte zuerst ihr Studium abschließen«, seine Worte klangen wie eine gut einstudierte Rede, was sie auch waren, »aber ich möchte Sie fragen, ob Sie sich vorstellen könnten, mir die Hochzeit mit ihr zu erlauben. Ich liebe sie sehr, müssen Sie wissen.« Emilys Vater stieß die Flasche ins Eis und blickte fragend zu seiner Tochter hinüber, die so rot im Gesicht war wie die Rosen auf ihrem Kleid. Sie nickte schwach und biß sich auf die Unterlippe. Ihr Vater, noch immer schweigend, griff in den Schrank mit den Glastüren und holte drei langstielige Gläser heraus, die er neben den Champagner stellte. Wortlos zog er die Flasche heraus, drehte den Draht vom Korken und schlang ein blaukariertes Geschirrtuch um den Flaschenhals. Behutsam löste er den Korken, der eher zischte als knallte, füllte die drei Gläser, und während er Richard und Emily bedeutete, ihre Gläser zu nehmen, hob er sein Glas mit ausgestrecktem Arm Richtung Decke. »Auf meine Tochter und ihren Verlobten. Ich wünsche euch soviel Glück, wie es in dieser bizarren kleinen Welt, in der wir leben, überhaupt möglich ist.« Alle drei stießen mit den Gläsern an. Emilys Augen wurden feucht, während ihr Vater und Richard ihren Champagner tranken.

Und was hat es mir gebracht? Ich könnte mein Leben genausogut mit einem Gespenst verbringen, das einen Keuschheitsgürtel trägt.

Richard empfindet nicht immer einen solchen Groll, aber, wie jeder weiß, der unter Schlaflosigkeit leidet, in der Nacht ist alles bitterer. Wenn er am Morgen aufwacht, wird er, wie er weiß, erneut Mitleid mit seiner kindlichen Braut haben. Es ist, als hätte die Hochzeit mit ihm sie zum Waisenkind gemacht.

Seit der Tragödie bei ihrer Geburt hatte Emilys Vater dafür Sorge getragen, daß sie von den üblichen Traumata des zwanzigsten Jahrhunderts verschont blieb; ihr Leben war voller Haarschleifen und Seidenbänder, Bücher von Laura Ingalls-Wilder und Arthur Ransome, Ponys und Blumengärten, Zauberer an ihren Geburtstagen. Später dann hatte es Kunstgalerien und Opern gegeben, schöne alte Füllfederhalter und vollkommene Perlenketten, die in mit türkisblauer

Seide ausgeschlagenen Schachteln zum Tee bei Fortnums überreicht wurden. Immer bei Fortnums, und immer gab es etwas zu feiern, denn Emily war eine glänzende Schülerin. Ihr Vater betrachtete es als seine Aufgabe, dafür zu sorgen, daß ihr immer alle Türen offenstanden. Noch mit zehn Jahren glaubte Emily an den Weihnachtsmann.

Das Leben änderte sich, als die Jungvermählten aus ihren Flitterwochen zurückkehrten, schlanker, aber brauner. Da erst machte Emily die traurige Erfahrung, daß sich, wie es Erwachsene häufig erleben, für jede Tür, die aufgeht, eine andere schließt. Während sie fort waren, hatte auch Emilys Vater romantische Neigungen entwickelt. Er ließ sich mit einer Japanerin ein, die aus dem Gedächtnis Bilder vom Fujiyama malte. Als Emily und Richard aus Indien zurückkamen, war er derweil von der Bildfläche verschwunden, um seine neue Bekanntschaft an der Atlantikküste in Südirland in einem stillgelegten Leuchtturm ohne Telefon zu intensivieren.

In der Finsternis dieser traumlosen Nacht gleiten die Stunden dahin. Richards Gedanken wandern zurück zu einem winterlichen Mittwoch im Februar vor ihrer Hochzeit und zu dem Augenblick, als er Emily das erste Mal sah. Ein Spaziergang auf dem Primrose Hill mit seiner Schwester, beide zitternd vor Kälte, frische Schneeflocken, so groß und weich wie Schmetterlingsflügel, raunten dem Schnee der letzten Nacht zu, der von den frühmorgendlichen Schlitten der Schulkinder an manchen Stellen schon bräunliche Spuren aufwies. Die Bäume hoben sich wie bizarre gußeiserne Muster gegen den kalten stählernen Himmel ab, und der ganze Primrose Hill schwieg, während London ächzte und sich sein Verkehr vorsichtig durch den Schneematsch schob. Das einzige andere Geräusch kam von den zwei Fremden unten am Hang bei den Kinderschaukeln. Ein Paar: Der Mann gab der Frau Schwung, die laut kreischte, als die quietschenden Ketten ihren Sitz immer höher und höher hoben. Von oben auf dem Hügel sah er mit seiner Schwester zu, hörte das Lachen der Frau, die den Mann anflehte aufzuhören. Als er die Schaukel dann doch endlich langsamer werden ließ, sprang sie ab, schaufelte Schnee von der Rutsche und bewarf ihn damit. Bald darauf kamen die beiden ausgelassen vom Kinderspielplatz den Hang heraufgelaufen, durch den jetzt wirbelnden Schnee. Noch immer lachend, blieben sie Arm in Arm stehen, als sie ihre beiden heimlichen Zuschauer erreichten. Er konnte sehen, daß die Frau Schnee auf den Wimpern hatte; der Mann war älter, viel älter, und seine Tochter begrüßte Richards Schwester, die sie vom College her kannte. Alle vier gingen sie in das polnische Café in der Nähe, wo es schaumigen heißen Kakao und Apfelstrudel gab.

Im Zwielicht, das der Morgendämmerung vorausgeht, betrachtet er erneut das Hochzeitsbild. Emilys Lächeln. So hat sie seitdem nie wieder gelächelt. Als sie aus Indien zurückkehrten, trug er sie über die Schwelle – ganz der verliebte Ehemann. Fast wäre er über den Berg Post gestolpert, hauptsächlich braune Umschläge und bunte Prospekte von dem neuen Pizzaservice, als er Richtung Schlafzimmer strebte. Doch Emily erspähte das glatte Kuvert mit der eleganten Handschrift in schwarzer Tinte, die sie sofort erkannte. Das Wort »persönlich« überflüssigerweise in der oberen linken Ecke und, so fand er, der Inhalt zum grausam unpassenden Zeitpunkt. »Willkommen daheim«, begann der Brief des Vaters, »das Haus kommt mir unglaublich leer vor ohne Dich, und ich lasse mich derzeit hier am Meer von einer Freundin trösten.« Es folgte seine Anschrift in Irland, ein Loblied auf die positive Auswirkung der negativen Ionen in der Atemluft und die Beteuerung, daß er seiner »frischvermählten Kleinen« alles Gute wünsche. Er schrieb, daß er sich wieder melden werde, wenn er sich »stärker« fühle.

Die plötzliche Abwesenheit ihres Vaters, ein ganzer Ozean, der sie voneinander trennte, war ein Schock für die Tochter, das sahen alle ein. Schließlich war der Mann während der gesamten dreiundzwanzig Jahre ihres Lebens beinahe ebenso berühmt für sein verbissenes Zölibat gewesen (was anscheinend besonders für Abonnentinnen von Frauenzeitschriften eine äußerst faszinierende Angelegenheit war) wie in seriöseren Kreisen für seine Theaterstücke.

Von diesem Tag an suchte Emily, die immer nach warmer Vanille geduftet hatte, Zuflucht im Badezimmer, nahm heiße Bäder und schrubbte sich – an manchen Tagen gleich mehrmals – fast die Haut ab, um dann erhitzt und traurig und nach Lavendel duftend wieder zum Vorschein zu kommen. Außenstehenden – soweit sie überhaupt irgendeinen Menschen sah – spielte sie Unbekümmertheit vor. Sie hoffte, daß er sich in Irland wohl fühle, sagte sie, und die Monate dazwischen arbeitete sie an ihrer Examensarbeit und las Lawrence Durrell. Nur gelegentlich tauchte sie aus der

Versenkung auf, um ihrem auf Abwege geratenen Vater Gläser mit Mixed Pickles und Töpfchen mit Trumper's Lavendel-Rasiercreme zu schicken, zusammen mit ulkigen Postkarten, auf denen groteske Gestalten oder Schweine abgebildet waren. Nur ein einziges Mal, als sie zu Besuch bei seinen Eltern in Kent waren, hatte Richard verstohlen einen Blick auf eine der Karten geworfen, weil er hoffte, einen Hinweis darauf zu finden, wie sie wirklich klarkam. Es war eine Ansichtskarte vom dortigen Uhrenturm. Auf der Rückseite stand lediglich: »Bauingenieure, siehe in den Gelben Seiten unter L wie Langeweiler.« Er verzieh ihr den arroganten Seitenhieb gegen seinen Vater fast augenblicklich, als sie nach einem heißen Bad rosig wie ein Spanferkel wieder auftauchte.

Er kann noch immer nicht schlafen. Das Bett vergrößert sein Unbehagen, weil Wasser gegen Gummi plätschert, während er sich unablässig hin und her wälzt, mal Emily anschaut, mal die Wand. Er sieht auf die Uhr und rechnet sich aus, daß es nur noch sechs Stunden und dreiunddreißig Minuten dauern wird, bis Englands größter lebender Dramatiker am Flughafen landet; noch eine Stunde mit dem Taxi, und Vater und Tochter sind wieder vereint. Der Nacken tut ihm weh, und er merkt, daß seine Kiefermuskulatur zu verspannt ist, um schlafen zu können. Seine Schlafstörung liegt also nicht nur am mangelnden Sex, erkennt er, sondern eher an seiner Furcht davor, widerstrebend zum fünften Rad am Wagen zu werden, das unter der Wucht zerbricht, mit der Vater und Tochter zusammentreffen.

Die japanische Malerin ist abgehakt, soviel weiß er. »Hände, die wie kalte kleine Fische über meinen Körper flattern«, hatte Emilys Vater geschrieben, um die fruchtlosen Bemühungen zu beschreiben, die seine Geliebte anstellte, wenn sie ihn während jener Monate in dem einsamen Turm verführen wollte. Er fragt sich, warum Emilys Vater wohl soviel Wert darauf legt, seinen Namen von jeglichem sexuellen Kontakt mit dieser Frau reinzuwaschen. Schließlich wäre doch nichts Unschickliches dabei, wenn ein sechsundfünfzigjähriger Witwer mit einer Erwachsenen einvernehmlichen Sex hat.

Während er auf Emilys Atem lauscht, gesteht er sich ein, wie enttäuscht er über die offensichtlich fehlende Libido ihres Vaters ist. Seine größten Befürchtungen werden sich in naher Zukunft bewahrheiten, und plötzlich weiß er, was die Ursache für diese und viele andere schlaflose Nächte ist: Solange Emilys Vater auf unabsehbare Zeit irgendwo in Irland rumbumste – wie er angenommen hatte –, war seine Tochter vielleicht nicht gerade die heiterste Gesellschaft, aber sie gehörte ihm. Jetzt würde diese Ehe wieder übervölkert werden. Er weiß nun, daß er mit Emily darüber sprechen muß – und falls nötig, auch mit ihrem Vater –, doch zuvor wird er am Morgen die Wohnung verlassen, damit die beiden etwas Zeit für sich haben. Er wird was zum Mittagessen kaufen. Einen japanischen Imbiß, denkt er hämisch. Und endlich schläft er ein.

Emily ist noch im Bad, als er die Wohnung verläßt, und so nutzt er die Gelegenheit, auf dem Weg nach draußen die Katze vom Sofa zu scheuchen. Er ist erstaunlich fröhlicher Stimmung, als er ihr zuruft, daß er etwas Besonderes zum Mittagessen besorgen wird und ihr

Zeit lassen will, ihren Vater allein und in Ruhe zu begrüßen (»den heimkehrenden Casanova«, wie er ihn scherzhaft nennt).

Er fährt die Edgeware Road entlang und pfeift dabei zu Gloria Gaynor im Radio. »I will survive«, ein gutes Omen, denkt er. Sein Entschluß, seine Gefühle deutlich zu machen, steigert seine Laune ins Unermeßliche. Das japanische Mittagessen wird eine Hilfe sein, dessen ist er sich sicher. Er lächelt in sich hinein. Emily ist eine liebenswürdige Frau, eine intelligente Frau. Sie wird einsehen, daß ein Ehepaar ein eigenes Leben braucht, so, wie auch ihr Vater ein eigenes Leben führen sollte. Er erwägt einen Urlaub auf den Kanarischen Inseln, nur sie beide. Ein bißchen Wintersonne tanken. Sie überraschen. Zurückkommen. Neuer Job bei einer anderen Zeitung. Feuilletonjournalist, so was in der Art. Schwiegervater könnte ein paar Beziehungen spielen lassen. Ein Cottage auf dem Land. Zwei Kinder, ein Mädchen und ein Junge. Schwiegervater kommt sonntags zum Mittagessen, sagen wir, zweimal im Monat. Richard fährt in das Parkhaus und findet genau gegenüber dem Eingang zu dem japanischen Supermarkt einen Parkplatz. Schon wieder ein gutes Omen.

Er betritt die Verkaufshalle, schnappt sich einen blauen Plastikkorb, geht an den Wunschpuppen für das neue Jahr vorbei, an den mongolischen Kochtöpfen, den Glückskeksen und Reiskräckern. Er hüpft förmlich durch die Gänge, während eine japanische Version von »Jingle Bells« aus den Lautsprechern schallt, und packt einen grünlichweißen japanischen Rettich in den Korb, nur weil er ihm in seiner neugefundenen Euphorie vom

Aussehen her gefällt. Er legt grünen Tee hinein, eine große, im Karton verpackte Flasche Sake, ein paar Päckchen getrocknete Misosuppe. Die rotweißen Tintenfischtentakel mit ihren schwarz umringten Saugnäpfen reizen ihn, doch er widersteht der Versuchung, als er sich Emilys Gesicht vorstellt, wenn sie sie ohne Vorwarnung im Kühlschrank entdecken würde. Bevor er zur blaugefliesten Sushibar eilt, macht er einen Zwischenstop in dem benachbarten Café, um ein Sashimi-Frühstück einzunehmen, bestehend aus Kalmar und Uni (auf der Speisekarte als »anspruchsvoll« beschrieben), das im Schatten eines hohen Turms aus roten und pinkfarbenen Lampions und riesigen Hitachi-Fernsehschirmen serviert wird, die einen Bericht über Schneefall in Tokio bringen. Auf der anderen Seite des Resopaltisches sitzt ein kleines japanisches Mädchen, ein richtiges Püppchen, ungefähr zwei Jahre alt, mit einem Gesicht wie aus viktorianischem Porzellan und mit blauen Mickymaus-Gummistiefeln, mit denen die Kleine gegen die Kante ihres Kinderstuhls tritt. Ihr Vater füttert sie mit in Seetang eingewickelten Garnelen, wobei er mit einem Auge auf die Fernsehbildschirme schielt.

Richard sieht auf die Uhr. Emily und ihr Vater umarmen sich vermutlich gerade. Er schlingt den Rest der rohen Kalmare und die klebrigen karamelfarbenen Streifen Seeigeleier runter, lächelt dem Kind zu und geht mit seinem Plastikkorb weiter zur Sushibar.

Für Emily nimmt er zwei Schachteln mit ihren geliebten Tekka Maki; jede rohe Thunfischscheibe, saftig wie ein erlesenes Steak, ist in dickem, klebrigem Reis gerollt und mit Seetang umhüllt. Für ihren Vater sucht er Sushis aus: sechs Stück von den anspruchsvollen Uni, sechs mit unwahrscheinlich orangefarbenem Lachs, vier Bündel gekochte Eierstreifen, zusammengebunden mit schwarzem Seetang, ein paar Scheiben roher Tintenfisch und vier weitere Sushis, in denen die gelbbraunen Perlen von Lachsrogen glänzen. Zusammen mit der neongrünen Pyramide aus Wasabi, den pinkfarbenen Ingwerscheibchen und dem gezackten Oba-Blatt als Dekoration ergibt das Ganze, so findet er, ein wahrlich *faszinierend* aussehendes Mittagessen. Es ist Zeit, die Hand seiner Frau zurückzufordern.

Die Tür zur Wohnung steht offen, in der Diele türmen sich die blauen und grünen Segeltuchtaschen seines Schwiegervaters. Aus der Küche hört er Gelächter. Er riecht, daß etwas gekocht wird. Er bleibt in der Tür stehen, läßt seine Einkaufstüten zu Boden fallen. Vater und Tochter zucken beide zusammen, als sie ihn sehen. Sein Schwiegervater hat sich einen Bart stehenlassen. Emily trägt ihre neue blaue Kaschmirstrickjacke. Englands größter lebender Dramatiker steht auf, umarmt ihn, mit kratzigem Bart, dankt ihm dafür, daß er in seiner Abwesenheit so gut auf seine Tochter aufgepaßt hat. Er schreibt ein neues Stück, sagt er. Emily gesteht, daß sie ihren Vater, kaum daß er da war, *gezwungen* hat zu kochen. Sie hat seinen Makkaroni-Käse-Auflauf so schrecklich vermißt. Sie setzt sich zwischen sie beide; ihre Strickjacke hat die Farbe ihrer Augen. Der Makkaroni-Käse-Auflauf ist haargenau so, wie sie ihn mag: mit Petersilie und einer Kruste aus knusprigem Schinken. Sie nimmt Richards Hand in ihre Rechte, die ihres Vaters in die Linke. Sie starrt auf die dampfende feuerfeste Schüssel mitten auf dem Tisch und hält Richards Hand fest, so, wie man ein Geländer umklammert.

Als sie spricht, sieht sie nicht ihren Mann an, sondern wendet das Gesicht ihrem Vater zu. »Daddy«, sagt sie mit bebender Stimme, »du wirst Großvater.«

Blutrosen im Schnee

»Verzeihen Sie, Mrs. McCluskie, ich denke, Sie wissen, warum wir hier sind.« Der Polizist hat einen Durchsuchungsbefehl und steht vor der Haustür mit einer jungen Polizistin und einer anderen Frau, die ich als die forsche Sozialarbeiterin wiedererkenne, die sich vor einigen Monden so emsig bemüht hat, mein Leben neu zu ordnen. Ihre Stimme klingt geflissentlich freundlich und verbirgt einen krokantharten Kern. »Elaine«, sagt sie, »ich denke, Sie sollten uns reinlassen.«

Ich bin nicht erstaunt, sie zu sehen, ich erwarte sie schon eine ganze Weile. Ich habe diese Szene Nacht für Nacht immer wieder durchgespielt, obwohl ich mich bemüht habe, mich nicht davon aus der Fassung bringen zu lassen. Ich habe mich bemüht, für die Gegenwart zu leben und für die Zartheit meiner Liebe. Aber ich habe immer gewußt, daß sie früher oder später kommen würden, um mir mein Baby wegzunehmen, dich wegzunehmen, mein liebstes Schätzchen, hinaus in die kalte Welt. Jetzt sind sie da, und mein Herz zerbricht lautlos vor ihnen. Sie stehen im Türrahmen, und bald werden sie gehen und das mitnehmen, was mir am kostbarsten ist. Bevor ich sie hereinlasse, stolpere ich über den Terrakottatopf, in dem die Schneeglöckchen blühen, damit Torf und Kies und die Pflänzchen, die so gut gediehen waren, in den Schnee fallen, als Warnung für Hugh, sich uns nicht zu nähern. Zumindest das gelingt mir, und einen Augenblick lang bin ich recht stolz auf meine Fassung, darauf, daß ich in diesem schrecklichen Moment mein Wort halte. Ich hatte ihm versprochen, ihm dieses Zeichen zu geben, um ihn zu schützen, falls die Zeit kommen sollte, daß auch er gefährdet wäre. Aller Wahrscheinlichkeit nach werde ich ihn nicht wiedersehen, aber das spielt jetzt keine Rolle.

Sie sind schon im Wohnzimmer, ihre scheußlichen, glänzenden Schuhe haben eine Spur von Schmutzabdrücken auf dem neuen Teppich hinterlassen. »Elaine, wo ist das Baby?« fragt die Sozialarbeiterin. Sie hält meine Hände, nachdem ich mich aufs Sofa gesetzt habe, und flehende Kuhaugen blicken tief in meine. Sie redet weiter, verkleidet die harten Kanten ihrer Stimme mit gespieltem Mitgefühl. »Elaine, Sie müssen uns sagen, wo das Baby ist.«

Du hältst dein Morgennickerchen, an deinen flauschigen Lieblingshund geschmiegt, dein Daumen ruht auf deiner Unterlippe, unter der Wölbung deiner Wange, weich und rosig wie ein reifer Pfirsich, atmest du friedlich in deinem Bettchen. Du bist zu jung, um dein Bettchen wirklich zu würdigen, aber ich muß zugeben, daß es ein echtes Meisterwerk ist. Ich habe drei Monate gebraucht, um es zu bemalen. Zuerst mußte ich den Polyurethanlack entfernen, mit dem es geliefert worden war, bevor ich es in einem kühlen Grün grundieren konnte. Alle Tiere, die ich gemalt habe, habe ich von Ansichtskarten kopiert, die ich wohlweislich schon seit Jahren sammele. Auf dem Brett am Kopfende schlagen Lämmchen in einer üppigen Frühlingswiese Kapriolen, und am anderen Ende sitzen vier getigerte Kätzchen und ein Golden Retriever-Welpe vor einem lodernden Lagerfeuer und behüten dich. Auf jeden Gitterstab habe ich Butterblumen und rankendes Geißblatt gemalt und Brombeeren, die so reif aussehen, daß man sie pflücken möchte.

Es ist so traurig, daß du nie wieder in dem kleinen Bettchen schlafen wirst. Nie wieder wirst du zu den Lämmchen aufblicken, die ich gemalt habe, und »bäh, bäh« sagen. Du wirst dem Welpen und den Kätzchen keinen Namen geben, und du wirst ihnen auch keinen Gutenachtkuß geben können, bevor ich dich schlafen lege und mit der weichen elfenbeinfarbenen Decke warm einpacke, die ich im perligen Eins-rechts-eins-links-Muster gestrickt habe und deren seidiger Rand mit der Bordüre, die ich um die Säume genäht habe, deinen Pausbacken vertraut ist. Ich werde dafür sorgen, daß sie den flauschigen Hund mitnehmen, aber ich weiß, daß sie ihn dir nicht lange lassen werden. Er wird in der Mülltonne landen, so wie die anderen Erinnerungen, die du vielleicht noch eine Weile an mich haben wirst.

Ich wünschte, ich könnte ihnen lange genug entwischen, um dich noch einmal in die Arme zu schließen, aber der Polizist versperrt die Tür. Ich möchte mich an deinen Kopf anschmiegen und deinen Duft nach warmen gebutterten Rosinenbrötchen einatmen. Ich möchte spüren, wie dein Gesicht an meiner Brust ruht, deine Finger sich leicht um meinen Daumen schließen, und dich dann noch einmal betrachten, bevor ich in den tiefblauen Augen versinke, in die ich nie wieder blicken werde.

Es gibt so vieles, was ich dir sagen möchte, bevor sie dich wegbringen. Der Tag, an dem wir zusammen nach Hause kamen, war der glücklichste in meinem Leben. Allein dein Anblick vertrieb all die Jahre voll Traurigkeit und Sehnsucht. Du fülltest die Leere und brachtest mich zum Singen. »Rosen sind rot, lalala, Veilchen sind blau«, sang ich leise, während ich dich vor dem Kamin in meinen Armen wiegte. Ich muß jetzt daran denken, wie es war, nachdem ich dich das erste Mal gebadet hatte, dein süßer rosiger Körper in das weichste Handtuch gewickelt, deine Augen, die zwischen den weißen Falten hervorlugten und in meine schauten, wir beide umfangen von der Wärme meiner Liebe, die dich warm und geborgen hielt, während ich dich an mich drückte.

Als es Zeit zum Schlafengehen war, weintest du so heftig, daß es mir in der Seele weh tat, wie du in deinem schönen neuen Bettchen schluchztest und den Kopf hin und her warfst. Ich zog die kleine Spieluhr auf, die die Brahms-Melodie spielt, aber dein Weinen übertönte die Musik. Ich blieb bei dir, streichelte deine nassen Wangen mit zitternden Fingern, bis du schließlich vor Erschöpfung einschliefst, deine flaumigen goldenen Locken ganz naß von meinen und deinen Tränen. Hugh war von deinem Weinen entnervt und so voller Zweifel, daß ich ihn beinahe auf der Stelle rausgeworfen hätte, aber ich konnte nicht bestreiten, daß du Schaden nehmen könntest, wenn dein Vater nicht zu Hause lebte. Trotzdem hätte ich mir gewünscht, daß er etwas positiver gewesen wäre; jede junge Mutter braucht Unterstützung, und ich fand, daß er unerträglich egoistisch und meinen Bedürfnissen gegenüber unsensibel war, als ich mitbekam, wie er sich im Badezimmer immer wieder fragte: »Was haben wir nur getan? Was haben wir nur getan?«

Nach den Neun-Uhr-Nachrichten gingen Hugh und ich direkt zu Bett. Er war inzwischen sehr aufgebracht, und ich wollte nicht zu müde sein, wenn du früh wach würdest. Hugh nahm eine Schlaftablette, aber ich lag wach, schlich dann und wann auf Zehenspitzen zu dir, um dich in deinem Bettchen schlafen zu sehen. Gegen ein Uhr morgens hattest du wohl einen Alptraum, denn du fingst zu schreien an. Ich ging in dein Zimmer, und du lagst auf dem Rücken, die Augen vor Entsetzen weit aufgerissen, die Fäustchen über der Decke geballt. Ich nahm dich aus dem Bett und mit in meins, wo du dich gar nicht trösten lassen wolltest. Dein Körper war gespannt wie ein Bogen, und du hattest den Kopf in den Nacken geworfen. Ich streichelte dich und sang dir etwas vor, und schließlich entspanntest du dich und nahmst das Fläschchen mit warmer Milch an. Du trankst es leer und schmiegtest dich dann an mich wie ein Bärenjunges.

Am Morgen brachte Hugh ein paar saubere Anziehsachen für dich: eine winzige blau-weiß gestreifte Samthose und eine marineblaue Jacke, die seine Mutter gestrickt hatte. Ich befühlte die Sachen, aber ich konnte mich nicht überwinden, sie dir anzuziehen, weil es die Sachen des anderen Kindes waren. Hugh schien verärgert, doch zumindest war er nach der durchschlafenen Nacht offenbar etwas verständnisvoller für die Bedürfnisse einer jungen Mutter geworden, und wir bekamen nicht unseren üblichen Streit. Statt dessen schickte ich ihn zu dem Kindergeschäft auf der Oxford Street, um ein paar neue Sachen ganz allein für dich zu kaufen. Schlichtes Weiß steht dir gut, deshalb bat ich ihn, auch noch einige weiße Babysachen bei Marks and Spencer's zu kaufen, wo es welche aus ganz weichem Frotteestoff gibt. Ich kann einfach nicht begreifen, daß so viele Babysachen aus grobem Stoff hergestellt werden, mit Etiketten, die jucken, und mit dicken Säumen, die über die zarte junge Haut scheuern – meinetwegen sollen anderer Leute Babys so was tragen, meins jedenfalls nicht, nein danke.

Ich war ganz froh, als er weg war, und ich drehte die Heizung voll auf. Ich ließ ein warmes Bad ein, und wir planschten zusammen herum und spielten mit dem winzigen Segelboot, das ich für dich verwahrt hatte. Du gluckstest vor Vergnügen, als ich den Mund voll Badewasser nahm und dann wie ein Wal eine Fontäne spritzte, und dann gluckstest du wieder, als ich mit dem Mund unter Wasser »Ich blase immerzu Blasen« sang. Ich wickelte uns beide in ein großes Handtuch und legte den »Karneval der Tiere« auf, und dann tanzte ich mit dir Walzer durch die Wohnung, köstlich nackt mit meinem kleinen Baby, Haut an Haut.

Ich kann mir nicht vorstellen, daß je eine frischgebakkene Mutter glücklicher war als ich, während du bei mir warst. Ich weiß, daß andere sich darüber wundern, wieviel Zeit ein Baby in Anspruch nimmt, ich höre, wie sie darüber jammern, daß sie keinen Augenblick mehr für sich haben, nicht mal, um die Zeitung zu lesen. Was für ein Gedanke, die Zeitung zu lesen, wo du doch ein winzig kleiner Mensch bist, der Aufmerksamkeit braucht! Ich habe nie begreifen können, daß jemand mit einem kleinen Baby noch andere Wünsche haben kann als den, sich an dem unbegreiflichen Wunder dieses Babys zu ergötzen. Es hat nicht einen Augenblick mit dir zusammen gegeben, an dem ich nicht meinem guten Stern gedankt hätte. Nicht einen Augenblick hätte ich lieber etwas anderes gewollt, als dich zu halten oder dir vorzusingen oder dir einfach nur beim Schlafen zuzusehen. Ich bestaunte deine Vollkommenheit, deine lockigen Härchen, deinen zarten Nacken, den ich einfach jedesmal küssen mußte, wenn ich ihn sah, staunte darüber, wie die Tränen, wenn du weintest, aus deinen Wimpern Sternstrahlen machten, die das Kobaltblau deiner Augen umrahmten. Manchmal konnte ich nicht anders, als dir einen Socken auszuziehen, nur, um die weiche Vollkommenheit deines stämmigen rosafarbenen Füßchens zu umfassen und die winzigen Zehen zu küssen.

Von dem Moment an, als ich dich zum erstenmal sah, wußte ich, daß es so sein würde. Ich liebte dich mit der Liebe einer Mutter – wild und fürsorglich –, sobald sich unsere Blicke trafen. Du strecktest mir die Arme entgegen, während *diese andere Frau* ihren Einkaufswagen mit Fertiggerichten aus der Tiefkühltruhe im Supermarkt füllte. Du saßest vorne in ihrem Einkaufswagen, ohne irgendwie gesichert zu sein, viel zu klein, um dich in so einen Draht- und Plastiksitz zu stecken, so ganz ohne Stütze. Da war noch ein anderes Kind, ungefähr vier Jahre alt, ein Mädchen mit einer Schnupfnase und goldenen Steckern in den Ohren. Die Kleine war weinerlich und hielt sich an dem fusseligen grauen

Mantel dieser Frau fest. Die Frau war verärgert über sie und sagte ihr immer wieder: »Halt die Klappe, sonst fängst du dir eine«, oder irgendwas in der Art. Ich hatte richtig Angst um dich, während ich euch von der anderen Seite des Ganges aus beobachtete und so tat, als suchte ich eine bestimmte Dosensuppe. Ich folgte dir, als die Frau und das wimmernde Kind dich in dem Einkaufswagen durch den Supermarkt schoben. Ich war ganz in der Nähe, als die Frau in der Abteilung für Babybedarf stehenblieb, und mit Entsetzen sah ich, daß sie alle möglichen Sorten Fertignahrung in den Wagen warf, zusammen mit zwei Schnullerpackungen, einem Zuckersaft für Babys, wo doch jeder weiß, daß dieses süße Zeug die neuen Zähnchen angreift, einer großen Dose Fertigbrei und einer großen Packung Billigwindeln. Inzwischen hattest du angefangen zu quengeln, offensichtlich hattest du Hunger, und dir war unbequem, und um ein Haar hätte ich dich gleich an Ort und Stelle gerettet, als die Frau sagte: »Jetzt fang du nicht auch noch an.«

Hastig warf ich ein paar von diesen furchtbaren Babymahlzeiten in meinen Korb, den zähnefressenden Saft, etwas Breipulver und eine Zweierpackung Windeln. Natürlich wollte ich dich nicht allzusehr erschrekken, wenn du zu mir kommen würdest, und ich hielt es für besser, dir zunächst etwas zu essen zu geben, das du schon kanntest. Dann würde ich bald auf eine gesündere Ernährung umstellen, soviel war klar. Wenn du anfänglich zum Trost Schnuller brauchtest, dann meinetwegen. Eines kam allerdings für mich nicht in Frage, und das waren die billigen Windeln. Ich konnte einfach den Gedanken nicht ertragen, daß du wund werden könntest, also legte ich eine kleine Packung Pampers für Jungen in meinen Korb. An der Kasse stand ich hinter dir. Die Frau bemerkte, daß eine ihrer Milchpackungen tropfte, und ließ dich da sitzen, während sie rasch eine neue holen ging, das kleine Mädchen im Schlepptau. Und du saßest da: wimmernd und allein, ganz ehrlich, jeder hätte dich mitnehmen können.

Als sie mit einer neuen Milchtüte zurückkam, wollte die Kleine etwas von den Süßigkeiten, die vor der Kasse neben den Frauenzeitschriften ausliegen. Sie fing an zu brüllen, als die Frau sie schließlich schlug, feste, auf den Hintern. Auch du weintest inzwischen, und wieder trafen sich unsere Blicke. Stumm versprach ich dir, dich zu retten.

Die Frau packte ihre Einkäufe in Tüten, während ich meine paar Sachen in dem Korb bezahlte. Ich folgte dir ins Parkhaus und warf meine Plastiktüte und die Schaffelljacke in den Kofferraum meines Wagens, während ich die Frau beobachtete, die ihre Sachen, das kleine Mädchen und dich in einem Vauxhall verstaute und dabei dein Köpfchen irgendwo gegenstieß, was mein Blut zum Kochen brachte. Ich fuhr meinen Wagen zur Ausfahrt, warf die entsprechenden Münzen in den Automaten und ließ die Sperre hinter mir. Ich parkte einfach unten neben der Rampe und wartete. Dann verfolgte ich den Vauxhall, der in westlicher Richtung fuhr, durch die zur Rush-hour dicht befahrenen Straßen. Ich mußte sogar eine rote Ampel überfahren, um dranzubleiben, aber ich wollte dich mittlerweile um nichts mehr in der Welt verlieren. Ich dankte Gott, daß ich auf diesen Tag vorbereitet war und daß dein schönes Kinderbettchen fertig war und zu Hause auf dich wartete. Zwei Wochen früher wäre die Farbe noch naß gewesen, und das wäre ja nun wirklich nicht gegangen.

Gott stand mir bei an jenem Tag. Der Vauxhall hielt an der Ecke der alten Hauptstraße, genau vor dem Spirituosengeschäft, und die Frau stieg aus. Sie hatte noch nicht mal den Anstand, wenigstens schuldbewußt dreinzublicken, als sie den Laden betrat und dich und das andere Kind unbeaufsichtigt im Wagen ließ. Als ich vor dem Vauxhall parkte, stieg die Kleine aus und folgte der Frau, so daß du allein im Wagen zurückbliebst. Da wußte ich, daß es so sein sollte, und ich handelte rasch, in dem sicheren Bewußtsein, daß ich das Richtige tat. Ich öffnete die Wagentür, löste flink den Gurt deines Kindersitzes und rannte mit dir zurück zu meinem Wagen. Ach, mein Liebling, wie gerne hätte ich dir eine schönere Fahrt geboten, doch in meiner Eile sah ich keine andere Möglichkeit, dich zu retten: Ich mußte dich in den Kofferraum meines Wagens packen, dankbar, daß die Schaffelljacke darin lag, und fuhr los. Das Ganze hatte keine Minute gedauert. Natürlich zitterten mir die Hände, während ich den Wagen lenkte, und ich mußte mir unablässig einreden, daß diese holprige Fahrt in dem engen Raum für dich nicht schlimmer war als eine Geburt. Zu Hause angekommen, fuhr ich den Wagen in die Garage, bevor ich den Kofferraum öffnete, und da warst du, unbeschadet durch die Fahrt, und schriest mit der ganzen Kraft eines Neugeborenen.

Ich habe den drei Beamten nichts zu sagen, während wir in meinem Wohnzimmer sitzen. Sie wollen wissen, wo Hugh ist, aber ich sage, daß er mich irgendwann im Sommer verlassen hat. Die Sozialarbeiterin ist in dein

Kinderzimmer gegangen, und ich höre dich schreien, als sie dich hochnimmt und aus dem Schlaf schreckt. Die Polizistin zieht mir die Hände auf den Rücken, legt mir Handschellen an, und ich werde nach draußen in den Schnee geführt. Als sie den Polizeiwagen aufschließen, drehe ich meine rechte Hand nach oben und schneide mir ins linke Handgelenk, mitten durch die Schlagader, so, wie ich es vorhatte. Die Rasierklinge hatte ich auf dem Tischchen in der Diele für diesen Tag bereitgelegt. Im selben Moment kommt die Sozialarbeiterin mit dir heraus. Du bist in eine Decke gewikkelt, und du weinst, als sie dich an mir vorbeiträgt, und ich drehe meinen Körper, um dich vor dem Blut zu schützen, das aus meinem Handgelenk schießt. Ich möchte nicht, daß du mich so in Erinnerung behältst. Ich möchte nicht, daß du meine Blutrosen im Schnee siehst.

Türkische Teppiche

Ihr Abflug verzögert sich, wie sie feststellen, als sie am Flughafen Dalaman eintreffen. Robert sieht auf seine Armbanduhr. »Genau zwei Stunden«, sagt er, hebt das kleine Mädchen wieder auf seine Schultern und bringt die beiden Frauen zurück nach draußen, in die Haartrocknerhitze und zum wartenden Taxi.

Er sitzt hinten mit Florence auf den Knien. »Da, meine Arme sind dein Sicherheitsgurt«, sagt er, als er die Finger vor dem Bauch des zappelnden Kindes verschränkt.

Leoni, die Mutter des Kindes, sitzt neben ihm auf dem orangefarbenen Velourschonbezug und streicht Florence den Fransenpony aus den Augen. Roberts Frau Clara nimmt auf dem Beifahrersitz Platz und betrachtet die Miniaturplastikmoschee oben auf dem Armaturenbrett und die Kette aus bernsteinfarbenen Perlen, die vom Innenspiegel baumelt. Der Taxifahrer packt stumm, vorwurfsvoll den gewaltigen Gepäckberg in den Kofferraum des alten braunen Chrysler, wuchtet Koffer, Reisebettchen, Kinderbuggy und Teppiche hoch. Schließlich gibt er sich geschlagen, öffnet die Beifahrertür und funkelt Clara an. »Die müssen Sie mit nach vorne nehmen«, brummt er und schiebt die beiden zusammengerollten Teppiche in den Raum vor ihren Füßen und über ihre Beine.

»Wir haben zwei Stunden«, sagt Robert. »Bringen Sie uns zu irgendeinem typischen Restaurant, wo man gut essen kann?«

»Tamam«, sagt der Taxifahrer, »okay.«

»Vielleicht könnten Sie uns ja zu *Ihrem* Lieblingsrestaurant hier in der Stadt fahren«, sagt Clara. In Gedanken ist sie bereits zu Hause. Sie denkt an ihre Persianerkatzen. Die werden sich freuen, sie wiederzusehen.

Sie lassen den Flughafen hinter sich, am Straßenrand wachsen staubige Oleanderbüsche, aus dem Radio erschallt der klagende Ruf von der Moschee, das kleine Mädchen spielt mit den Knöpfen an Roberts Hemd. »Mach den Gurt auf«, sagte sie. »O nein«, sagt Robert und kitzelt sie mit den Daumen unter den Rippen.

Clara legt die Hände um die Teppiche, verschränkt die Finger. Na bitte. Jetzt ist auch sie ein Sicherheitsgurt. Die Teppiche fühlen sich rauh und knotig unter den Händen an. Clara und Robert kaufen sich gern etwas für ihr Haus, wenn sie auf Reisen sind. Und das sind sie so oft wie möglich. Zu Hause schlafen sie unter einer tintenblauen Batikdecke aus ihren Flitterwochen auf Bali. Sie essen ihr Müsli aus andalusischen beigeblauen Steingutschüsseln und spielen Schach auf ihrem Couchtisch aus Radschastan, ein großes Ding aus geschnitztem Rosenholz mit dicken Eisenringen an allen Ecken, das einst ein festliches Hochzeitsbett war. Sie bewahren ihr Obst in einer glänzenden Lackschüssel aus Bambusholz auf, die Clara auf einem vietnamesischen Markt entdeckt hatte.

Dieses Jahr wollte Robert unbedingt einen türkischen Teppich haben, nicht bloß irgendeinen nichtssagenden Vorleger, sondern einen richtig alten. Dieses Jahr wollte Clara unbedingt ein Kind. Letztes Jahr wollte Clara auch ein Kind (Robert beschloß, ihr einen ungeschliffenen Smaragd zu kaufen, zur Feier ihres fünfzehnten gemeinsamen Jahres, also fuhren sie statt dessen nach Kolumbien). Das Jahr davor wollte Clara auch schon ein Baby. In dem Jahr reisten sie nach China, und infolgedessen verschönert jetzt ein geschnitzter Jadebuddha ihren Kamin im Wohnzimmer. »Ein echtes Schnäppchen«, sagt Robert.

Robert und Clara arbeiten für eine internationale Hilfsorganisation. Er kennt sich aus mit der weltweiten Überbevölkerung, alten Stoffen, primitiver Kunst und Geburtenkontrolle. Ebenso wie Clara.

»Ich weiß. Ich weiß«, sagt sie und dreht den Smaragdring an ihrem Finger, während das Gespräch seinen üblichen Verlauf nimmt, wie nach Schema F. »Es gibt schon zu viele Kinder.«

»Nur ein Egomane muß sein eigenes Bild reproduzieren«, erklärt er ihr, und die Worte klingen so vertraut wie ein Mantra. »Wenn ich mich selbst sehen will, muß ich nur in den Spiegel schauen.« (Und was für ein Spiegel: Louis XIV., kunstvoll gerahmtes altes Quecksilberglas mit dem diffusen Glanz, wie er nur richtig altem Glas eigen ist, von Robert in Champagnac de Belair gefunden. Jetzt spiegelt er jede ihrer Bewegungen, während sie auf dem Bett diskutieren.)

»Und ich mag es so, wie es ist, nur wir zwei«, sagt er. »Wenn wir Kinder hätten, könnten wir nicht mehr so unbeschwert reisen wie jetzt. Vor allem könnten wir es uns nicht mehr leisten.« Clara versetzt dem Kissen einen Knuff, wünscht sich, ihn nicht mehr zu lieben.

Er leidet, obwohl er recht hat. Dazu kennt Clara ihn gut genug. Außerdem, was wäre die Alternative? Robert ist der einzige Mann, der ihr wirklich gefällt. Er ist freundlich, und er ist attraktiv wie ein Löwe. Sie erlebt mit, wie ihre Freundinnen Männer heiraten, bei denen sie sich nicht vorstellen kann, neben ihnen aufzuwachen und etwas anderes zu empfinden als Verzweiflung. Langweiler und Trinker. Sie erlebt mit, wie ihre Freundinnen sich scheiden lassen. Sie hört mitfühlend zu, wenn sie von Streitereien wegen Geld und Besitz erzählen. So schlechte Väter.

»Kinder? Nein, keine. Aber wir haben unsere Urlaubsreisen!«

Und Robert hat ein Kind. Vor drei Jahren, einen Tag nach seinem vierzigsten Geburtstag, hat er ein sudanesisches Waisenkind »adoptiert«. Ein paar Pfund pro Woche finanzieren Impfungen, Schule und Unterhalt. Im Büro hat Robert ein gerahmtes Bild auf seinem Schreibtisch stehen, das einen hübschen Jungen mit großen Welpenaugen zeigt.

Robert und Clara sitzen Rücken an Rücken, noch vollständig angezogen, links und rechts auf ihrem großen Bett, unter einem Paar grob geschnitzter Cherubinen aus Mexiko. Clara lehnt den Kopf gegen das Kopfteil, weint, lautlos, wie immer.

»Clara«, sagt Robert, »du weißt, daß ich Kinder mag. Aber ich bin nicht wie du. Ich brauche kein eigenes. Ich mag *alle* Kinder.«

Clara wünscht, sie hätte sich nicht verändert. Im kalten Licht der Weltwirtschaftslage gibt sie ihm recht, aber ihr bricht dabei das Herz.

»Ach, Robert«, sagt sie, »ich kann's nicht ändern.«

Robert rutscht hinter sie und reibt ihr die hochgezogenen Schultern. Oft ist ihm selbst nach Weinen zumute. »Es tut mir so leid, Schatz«, sagt er, »ich kann's auch nicht ändern. Ich kann ganz einfach nicht noch einen Menschen in die Welt setzen. Ich wünschte, ich könnte es, deinetwegen, aber das widerspräche allem, woran ich glaube.«

»Ich sollte dich verlassen«, sagt Clara. Sie weiß, Robert weiß, daß sie es nicht tun wird. Vor die Wahl gestellt zwischen Robert und einem Kind, das sie noch gar nicht kennt, gewinnt er jedesmal. Robert steht auf. Clara wendet den Kopf, streicht geistesabwesend das Bett an der Stelle glatt, wo Robert hinter ihr gekniet hat.

»Sieh dir doch die arme Leoni an«, sagt er zu ihrem Bild im Spiegel, »sitzt zu Hause mit einem Baby. Seit sie Florence bekommen hat, war sie nirgendwo mehr. Du hast mir selbst erzählt, wie sehr sie sich danach sehnt, mal wieder zu verreisen.«

»Leoni hat keinen Mann«, sagt Clara. »Das ist etwas anderes.«

Manchmal denkt Clara, ihre Freundin Leoni hat es richtig gemacht, als sie sich, ohne geeigneten Partner in Sicht, einfach von irgendeinem Mann ein Baby »gestohlen« hat. Clara rechnet nicht mehr damit, daß Leoni ihr erzählen wird, wer der Vater ist. Sie vermutet, daß Leoni es selbst nicht weiß. Clara denkt an die süße Florence, daran, wie die Kleine jetzt ihren Namen ausspricht, »Cwara«, wie sich ihr Lächeln verändert hat, seit sie die ersten Zähne hat, daß ihre Hand sich anfühlt wie eine winzige warme Tatze.

»Robert«, sagt sie, »meinst du, wir könnten Leoni und Florence dieses Jahr zu einer kleinen Urlaubsreise einladen?«

Bevor sie in die Türkei fuhren, las Robert ein Buch über den Kauf alter Teppiche. Er würde sich nicht mit maschinengefertigten Kelims oder den Fabrikknoten moderner Teppiche abspeisen lassen. Bislang hat er den Urlaub genossen, die Fahrten, die sie alle zusammen zu den Gräbern bei Daedala und der Ruinenstadt Xanthos und zu den Tempeln der Artemis und des Apollo bei Letoum unternommen hatten, wo sie jeden Abend bei Sonnenuntergang ganz oben im Rund der Amphitheater saßen und abwechselnd nach unten auf die dreitausend Jahre alten Bühnen gingen, um zu singen oder Monologe zu deklamieren. Und obwohl es ihm großen Spaß gemacht hat, in den Andenkenläden in Kas zu stöbern und mit der kleinen Florence im karamelfarbenen Sand bei Patara Burgen zu bauen, kann er es kaum noch erwarten, endlich zum eigentlichen Zweck der Reise zu kommen. Er weiß, was er will. Nomadenteppiche, wie sie vor der Jahrhundertwende gemacht wurden, bevor man aus Deutschland synthetische Farben importierte.

»Wir machen uns auf die Jagd nach einem fliegenden Teppich«, sagte er zu Florence, als er sie in das Doppelbett legte, das sie mit ihrer Mutter teilte, die neben Clara in der Tür stand. »Siehst du, was für eine Verschwendung, er wäre so ein toller Vater«, flüsterte Clara ihrer Freundin zu.

»Wir müssen«, so belehrte er Clara und Leoni, als sie

auf dem Hotelbalkon über dem Meer saßen, »nach Unvollkommenheiten suchen.« Leoni gab Clara einen Stups mit dem Ellbogen, Clara verdrehte die Augen und zündete sich eine Zigarette an. Sie kannten Robert beide gut genug, um zu wissen, daß ihnen ein langer Vortrag bevorstand, und er freute sich wirklich wie ein Kind auf die Fahrt zu den Teppichläden.

»In einem primitiven Teppich sollten die Farben nicht zu einheitlich sein«, erklärte er. »Unterschiedliche Töne sind ein Zeichen für einen echten alten Teppich, weil die Nomaden nämlich nur kleine Töpfe hatten, um die Wolle zu färben, versteht ihr. Höchst unwahrscheinlich, daß sie zweimal die gleiche Farbe hinkriegten, wenn sie ihre Färbebäder aus Olivenblättern, Granatäpfeln, Safran, Walnüssen, Eicheln, Krappwurzeln und Koschenilleschildläusen zusammenmischten, genauer gesagt« – er hielt inne und legte die Arme um die beiden Frauen rechts und links von ihm – »der *weiblichen* Koschenille. Noch etwas, das nur die Weibchen der Spezies können. Gott, wir Männchen sind wirklich zu nichts zu gebrauchen.«

»Außer im Krieg und beim Langstreckenlauf«, sagte Clara.

»Furzen und E-Gitarre spielen können sie auch«, sagte Leoni.

»Und als Samenspender sind sie gut«, sagte Clara und wünschte, sie hätte sich die Bemerkung verkniffen.

»Natürlich«, fuhr Robert unbeirrt fort, »ist in jedem Teppich ohnehin ein absichtlicher Fehler. Versteht ihr, für Muslime kann nur Allah vollkommen sein.«

Und damit gingen sie zu Bett. Leoni, um sich an ihr schlafendes Kind zu schmiegen, Robert und Clara, um sich leise, bedächtig und rücksichtsvoll zu lieben, ein Kissen zwischen Bett und Wand geklemmt, damit es nicht dagegen stieß, wie Eltern ängstlich darauf bedacht, das kleine Mädchen nebenan nicht aufzuwekken.

»Achte auf die Knoten«, sagte er, kurz bevor sie einschliefen, »nach meinem Buch sollten wir keinen nehmen, der weniger als dreihundert Knoten pro Inch hat.«

Als sie zum Frühstück aufstanden, war Leoni damit beschäftigt, Pistazien zu knacken und mit den frischen grünen Kernen Florence' Namen auf den Tisch zu schreiben, doch Florence aß sie und lachte. »Ooch, du kleines Eichhörnchen«, sagte Leoni und kniff ihr spielerisch in die Wangen, was bei der Kleinen ausgelassenes Gekicher auslöste.

»Wußtet ihr«, sagte Leoni über Florence' blonden Kopf hinweg zu Robert und Clara, »daß Gauguin seinen Schülern gesagt hat, wenn sie ihre Technik verfeinern wollten, müßten sie sich nur türkische Teppiche ansehen, dort würden sie alles finden, was es zu wissen gibt?«

Meine Güte, dachte Clara, sie hat sich was angelesen, alte Angeberin.

»Ja, natürlich«, sagte Robert, »Gauguins Farben, die würde ich gern in meinem Teppich sehen.«

Sie unternahmen eine lange heiße Taxifahrt über Pisten oberhalb der Küstenstraße. Der Wagen machte einen Schlenker, um einer großen Schildkröte auszuweichen, als sie durch Dörfer mit Tomatentreibhäusern fuhren, deren Aluminiumrahmen mit beschlagenen Kunststoffplanen abgedeckt waren. Der Kunststoff war an manchen Stellen zu Bändern zerrissen, und sie konnten die mit schweren Früchten behangenen Ranken im Innern sehen.

Am Kai in Bokarum gab es drei Teppichgeschäfte. In jedem einzelnen betrachteten ihre verwirrten Augen die Teppiche, die von den weißgetünchten Wänden hingen, sich wie Hängematten von den Deckenbalken bogen und in allen Ecken aufgetürmt lagen, ein Kaleidoskop aus Wolle und Seide und Kamelhaar. In jedem Laden wurden sie wie lang vermißte Freunde begrüßt, und man bot ihnen winzig kleine Gläser mit Ata Chai an, der auf runden, gravierten Silbertabletts serviert und aus frischen Salbeiblättern gemacht wurde, die noch immer in dem gelbbraunen Tee einweichten. Für Florence gab es dickflüssigen, süßen Fruchtsaft.

Auf ein Fingerschnippen der Inhaber hin klappten Männer die Teppiche um, die zum Teil gut über einen Meter hoch gestapelt waren; dunkle, muskulöse Männer, jeder an einer Ecke, schlugen die bunten Teppiche Schicht für Schicht um, wie die Seiten eines riesigen illuminierten Buches. Jedesmal, wenn ein Teppich heruntergeholt wurde, tanzten Scharen von Staubpartikeln in einem Lichtstrahl, der durchs Fenster drang. »Tamam?« fragte der Teppichhändler bei jedem neuen Teppich, der auf seinen Vorgänger gelegt wurde, »Gefällt er Ihnen? Sehr guter Teppich.« Doch jedesmal schüttelte Robert den Kopf. »Die sind nicht alt«, flüsterte er Clara zu, »das sind keine natürlichen Farben.«

»Und der hier«, sagte Kemal, der Inhaber des dritten Ladens, »ist ein sehr guter Jürük aus Ostanatolien.« Kemal ließ die Finger über die leberbraune Kante mit ihren geometrischen Mustern aus safrangelben und indigoblauen Motiven gleiten. »Das Widderhorn«, sagte er und sah Robert in die Augen, »für Manneskraft und Fruchtbarkeit, für eine große, glückliche Familie.«

Dann würden sie den wohl nicht nehmen, dachte Clara bitter, während sie das Ziehen im Unterleib wahrnahm, das sie auf die allmonatliche Enttäuschung vorbereitete. Auch Beine und Rücken taten ihr weh, und die Luft war schwer vom durchdringenden Schweiß- und Staubgeruch der Männer, die die schweren Teppiche umschlugen. Sie setzte sich auf einen Teppichstapel und fühlte sich wie das farbloseste, unlebendigste Wesen im Raum.

Leoni sah sich noch immer die Teppiche an, und Florence spielte, fröhlich vor sich hinsingend, mit einer Glasperlenkette, die Robert ihr in einem Andenkenladen gekauft hatte. In die Teppiche war jeder erdenkliche religiöse Fetischismus eingewebt; da gab es Amulette und Talismane, Sonnen und Monde und Drachen, Vögel, die zwischen den Toten und Lebenden vermittelten, Wasserkrüge und Vasen, die Reinheit symbolisierten, und stilisierte Kämme, um Sauberkeit zu versinnbildlichen. Kemal zeigte ihnen, wie er sagte, garantiert echte Tekke-Teppiche und Salor-Teppiche und Saryks-Teppiche und Gotshanak-Teppiche, doch Robert schüttelte weiter den Kopf.

Schließlich trat Kemal einen Schritt zurück und rieb die beiden Zeigefinger aneinander, die Knöchel nach oben, wie eine Grille, die sich die Beine reibt. »Argadesch, argadesch«, sagte er zu Robert, »wir sind Brüder.« Er sah ein, daß er mit diesen Touristenteppichen nicht landen konnte. Sie waren am Ende des dritten Stapels angelangt, und er schnippte mit den Fingern, um frischen Tee kommen zu lassen. Er strich Florence über das Haar. »So hübsch«, sagte er, und dann zu Robert: »Du wirst diese Teppiche nicht kaufen. Ich bringe dich zu sehr alten Teppichen. Sehr alt. Sehr gut. Das Geschäft meines Vaters in Kekova. Wir fahren mit dem Boot dahin, morgen, ja?«

»Argadesch«, sagte Robert und rieb nun selbst strahlend die Zeigefinger aneinander. Sie kamen überein, sich am nächsten Morgen am Kai zu treffen.

Am Morgen fühlte sich Clara noch immer wie zerschlagen, und ihr Kopf auf dem Hotelkissen war so schwer wie eine Wassermelone. »Ich glaube, ich wäre heute keine angenehme Gesellschaft«, sagte sie zu Robert, der fast vergaß, Mitgefühl zu zeigen, so aufgeregt war er wegen der Teppiche. »Ich habe Schmerzen von meinen Tagen, und dann diese Hitze. Ich glaube, ich bleibe hier und lese.«

»Hi«, sagte Leoni, ihren Orangensaft in der einen, Roberts Leitfaden zum Kauf alter Teppiche in der anderen Hand und gekleidet in Khakileinen und weißen Turnschuhen. »Wie sehe ich aus? Würdet ihr dieser Frau euren Familienteppich verkaufen?« Der Urlaub hatte ihr gutgetan, ihr Gesicht geglättet. Florence kam hinter ihr hereingerannt, in einem niedlichen bestickten Kleidchen, und hüpfte auf dem Bett auf und ab.

»Du Arme, bei der Hitze gibt es wirklich nichts Schlimmeres, nicht?« sagte Leoni und fing Florence auf, bevor sie hinfiel.

Es war eher der Schmerz in ihrem Kopf als die Menstruationskrämpfe. In ihrer Kindheit war es sehr praktisch gewesen, einmal im Monat ein Brief an die Sportlehrerin (»Würden Sie Clara diese Woche bitte vom Turnunterricht befreien ...«), als Teenager Monat für Monat eine Erleichterung, »Gott sei Dank!«, in Claras Fall noch in den ersten zehn Jahren ihrer Ehe, doch mittlerweile verspürte sie jedesmal nur eine leere Traurigkeit. Eine nebulöse Trauer um jemanden, den es nicht gab. Noch ein paar Jahre, und diese monatliche Mahnung würde aufhören. Sie hatte das Gefühl, als würde sie ausgelöscht.

»Du wirst wieder depressiv, stimmt's?« sagte Leoni und zog die Vorhänge auf, damit Clara vom Bett aus sehen konnte, wie das dunstige blaue Meer mit dem Himmel verschmolz.

»Ich bin bloß so traurig, eigentlich albern«, sagte Clara. »Es scheint keine Lösung zu geben. Ich sehe mir die Leute an, Verheiratete mit Kindern, und, na ja ... Ist dir schon mal aufgefallen, daß sie anfangen, einander nicht mehr zu mögen, sobald sie Kinder haben?«

»Immer wieder«, sagte Leoni. »Du und Robert, ihr seid so ziemlich das einzige Paar in meinem Bekanntenkreis, das wirklich ganz nett miteinander umgeht.«

Leoni hat bald nach Florence' Geburt aufgehört, ehrlich zu Clara zu sein. Sie erwähnt nur noch die negativen Aspekte ihrer neuen Mutterrolle; die schlaflosen Nächte, die Kräche mit ihrer Tochter, die Männer, die einen großen Bogen um sie machen. Sie traut sich nicht, davon zu sprechen, daß ihre Adern von einer neuen Wärme erfüllt sind, daß das ganze Universum eine neue Bedeutung angenommen hat, jetzt, wo Florence bei ihr ist. Sie erzählt Clara, wie sehr sie sie um ihre Freiheit beneidet, ihren großen Bekanntenkreis, um ihre straffe Bauchmuskulatur und ihr elegantes Zuhause, wo sich noch nicht mal ein Gramm bunte

Kinderknete befindet. Manchmal glaubt Clara ihr sogar.

»Himmel, was für ein Staatsakt«, erzählt Leoni ihrer Freundin, »wenn ich mal einen Abend ausgehen möchte. Ich brauche einen Babysitter für Florence, und dann weint sie immer, und die Kosten! Hinzu kommt, daß die Erwartungen an den Abend ungeheuer groß sind. Ein langatmiger, blöder Witz, und ich sehe auf die Uhr und rechne aus, wieviel mich jede schlechte Pointe kostet.«

Doch so sehr Leoni sich auch bemühte, Clara war nicht aus ihrem Selbstmitleid herauszureißen. Leoni und Florence begleiteten Robert auf dem Boot zu dem Teppichgeschäft (»Nein, nein, natürlich müßt ihr mit, die Bootsfahrt wird Florence Spaß machen, und morgen geht es mir wieder besser, ganz bestimmt...«), und Clara blieb im Hotel zurück, las, rauchte zu viele Zigaretten und machte einen Spaziergang zum Hafen, um neue zu kaufen.

Es war schon recht spät, als sie Stimmen auf der Straße hörte. Sie ging auf den Balkon und sah ihren Mann, ihre Freundin und das kleine Mädchen den Fußweg heraufkommen. Robert und Leoni schwangen Florence in ihrer Mitte. Die Sonne hinter ihnen machte aus ihren Haaren drei strahlende Heiligenscheine. Als sie näher kamen, dachte Clara plötzlich, daß sie wie eine perfekte Familie aussahen.

Zwei große Männer folgten ihnen, zwei zusammengerollte Teppiche auf den Schultern. Robert hat Leoni auch einen gekauft. Wie nett! Er breitete ihn unter dem Balkon aus, auf dem Clara rauchend saß, und spielte mit dem kleinen Mädchen fliegender Teppich. Er gab ihr einen Kuß, als sie auf ihrem bunten Teppich durch den wolkenlosen Himmel ritt. Sieh dir Robert an. Er liebt Kinder. Er liebt *alle* Kinder. Der Urlaub war zu Ende. Seine Mission abgeschlossen.

Das Gepäck türmt sich zu einem riesigen Berg auf dem Bürgersteig vor dem Café. Claras großer brauner Koffer, Roberts kleinerer, dazu passender Koffer und sein Kleidersack, Leonis drei weiche korallenfarbene Reisetaschen mit den dicken Lederbändern, das Reisebettchen in seinem praktischen marineblauen Tragebeutel, der kleine taubenblaue Schweinslederkoffer des Kindes und ganz oben die beiden Teppiche, die mit der Oberseite nach außen aufgerollt sind, eine Doppelwelle aus Aubergine, Safran, Indigo, Orange und Chromgrün.

»Die werden unser Leben farbenfroher machen«, sagt Leoni mit Blick auf die schönen Teppiche, während sie den Kinderbuggy aufklappt und Robert ihre Tochter hineinsetzt. Clara kramt in Leonis abgewetzter lila Samtreisetasche nach Florence' Sonnenhut. Das Café ist zur Straße hin offen, nur ein halbes Dutzend längliche Tische mit weißen Papiertischdecken. Die Sonne dringt durch den groben Schutz aus Dachsparren und Weidenstöcken. Das Straßencafé liegt zwischen zwei Baustellen. Der Verkehr dröhnt über die Straße, die zum Flughafen führt.

»Bringen Sie uns zwei Teller mit ihren Spezialitäten«, sagt Robert übertrieben vornehm zu dem verschlafenen Mann hinter der schmierigen Glasvitrine, in der die Speisen ausgestellt sind.

Ein kleiner Junge nähert sich vorsichtig durch das chaotische Gerüst auf der benachbarten Baustelle, das aus jungen ungeschälten Bäumen besteht, die an ein Gitterwerk aus Pfosten genagelt sind. Er ist dünn unter seinem schmuddeligen türkisfarbenen T-Shirt und der ausgebeulten Trainingshose, die an den Knien durchgescheuert ist. Er trägt große Gummilatschen, vermutlich Männergröße, und hat eine Plastiktüte in der Hand. Als er näher kommt, sehen sie, daß seine Hände schwarz sind.

Robert müht sich mit Florence' Buggy ab, versucht, ihn zwischen den Tischen durchzumanövrieren. Der Junge ergreift die andere Seite des Buggys und bedeutet mit seinen schmutzigen Händen, daß er mithelfen will, ihn über den hinderlichen Tisch hinwegzuheben. Robert winkt ihn fort – scheucht ihn fast fort, findet Clara. Der Junge tritt zurück, und sein Freund, älter und noch dünner, mit einem desolaten schiefen Gesicht, gesellt sich vor dem Café zu ihm. Vielleicht lächelt er, doch mit diesem entstellten Gesicht sieht es aus, als würde sein klaffender Mund höhnisch grinsen.

Die beiden Jungen gehen ein Stückchen weg und hocken sich in den Staub, einige Meter von der Stelle entfernt, wo Robert inzwischen den Buggy zwischen den Tischen untergebracht hat. Robert nimmt Leonis Samttasche und seine Kameraausrüstung, zieht sie näher an sich heran und wickelt die Trageriemen um sein Stuhlbein.

Clara ist tieftraurig, als sie von Florence, die wegen ihrer Fritten herumnörgelt, weil sie Ketchup will, zu den beiden Jungs hinübersieht, mutlos und zerlumpt auf der Baustelle. Der Junge in dem türkisfarbenen T-Shirt hat sich an einem rostigen Nagel den Fuß aufgerissen. Er bemerkt, daß Clara ihn ansieht. »Heh, Miss. Miss«, er zeigt ihr seinen Fuß.

»Ignorier sie«, zischt Robert. Clara wendet sich wieder dem Essen zu. Fliegen schwirren um das Fleisch. Sie hat keinen Hunger. Leoni hat Florence auf den Schoß genommen. Robert spielt Flugzeug mit den Fritten.

Clara greift in ihre Tasche nach den Zigaretten. Sie zieht eine aus der Packung, doch ihr Feuerzeug funktioniert nicht mehr. Der Junge steht neben ihr. »Hier, Miss«, er reicht ihr eine plattgedrückte Streichholzschachtel, warm, aus der Tasche seiner Trainingshose.

»Danke«, sagte Clara und zündet sich ihre Zigarette an. Der Junge lächelt. Bleibt neben ihr stehen.

»Ach, zum Donnerwetter«, sagt Robert, »gib ihm einfach irgendwas und sag ihm, er soll verschwinden. Wir haben keine Zeit für so was.«

»Hier«, sagt Leoni, holt ein Malbuch und ein paar Stifte aus ihrer Samttasche und schiebt sie über den Tisch zu Clara hinüber. »Florence wird's schon verschmerzen.«

Clara lächelt den Jungen an und gibt ihm das Malbuch mit den Stiften. Er nimmt sie rasch, als hätte er Angst, sie könne es sich anders überlegen. »Ich glaube nicht, daß wir sie los sind«, sagt Robert.

»Es sind doch nur Kinder«, sagt Clara.

»Aber ziemlich unhygienische Kinder«, sagt Leoni. »Arme Burschen.«

Robert ißt als einziger. Die Fliegen auf dem Essen stören ihn nicht. »Vielleicht solltest du Florence lieber nichts von dem Fleisch essen lassen«, sagt er zwischen zwei Bissen.

Die beiden Jungen sind wieder da. Der ältere zeigt

auf Roberts Schuhe. »Oje, jetzt will er meine Schuhe«, sagt Robert. »Nein, nein, geh weg.«

Der Junge zeigt weiter auf die Schuhe. »Ich habe nein gesagt«, raunzt Robert. »Und jetzt verschwindet.« Er wedelt mit seiner Serviette in Richtung der Jungen und scheucht dabei die Fliegen auf. Die Jungen treten zurück. Ihre Hände sind wirklich dreckig.

Die Jungen sitzen im Staub, jetzt ganz mit sich beschäftigt, und malen die Bilder im Buch aus. Der kleinere Junge sieht zu Clara hinüber und hält sein Werk hoch, damit sie es sehen kann. Er hat einen Tiger mit roten und gelben Streifen ausgemalt, umgeben von lila- und orangefarbenen Blumen. Er lächelt jetzt, wartet auf ihr Lob. Clara hält einen Daumen in die Höhe, lächelt zurück. Sein Freund hat vorsichtig ein Malbild aus dem Buch gelöst und hält nun sein Werk hoch, einen Seehund, der einen Ball auf der Nasenspitze balanciert. Wieder hält sie anerkennend den Daumen hoch. Leoni klatscht in die Hände.

Leoni nimmt Florence auf den Schoß. Sie weint. »Das ist mein Buch«, jammert sie.

»Weißt du, was ich mache, wenn wir wieder in England sind?« sagt Robert. »Ich kaufe dir das größte Malbuch, das es gibt.«

Clara beobachtet die beiden Jungen, die ihre Bilder nehmen, vor dem Café auf und ab gehen und sie den Passanten zeigen. Der größere Junge hält sich sein Bild vor die Stirn und stolziert hin und her. Clara stellt sich vor, wie sie einen der Jungen nach England schmuggelt, in einen Teppich eingerollt wie Kleopatra, und sie sieht förmlich Roberts Gesicht vor sich, wenn er den Teppich in ihrem zauberhaften nilgrünen Wohnzimmer entrollt und ihm ein kleiner türkischer Bengel vor die Füße kullert. Während die beiden Jungen wieder vor dem Café entlanggehen, malt sie sich aus, wie sie einem schläfrigen dunklen Kind in dem kleinen Zimmer zu Hause, das sie insgeheim als »das Kinderzimmer« bezeichnet, Schlaflieder vorsingt. Florence hat aufgehört zu weinen. Der kleinere Junge zeigt auf das Malbuch und die Stifte und dann fragend auf sich selbst.

»Ja, für dich«, gestikuliert Clara zurück. Er zeigt wieder auf Roberts Schuhe. »Nein, nein, nur die Stifte«, sagt sie. Er lächelt, hält einen Daumen in die Höhe, öffnet seine Plastiktüte. Darin sind ein schwarzer Lappen, einige Bürsten und Schuhcreme, braune und schwarze. Er steckt die Stifte hinein und geht, noch immer lächelnd, rückwärts aus dem Restaurant.

Einfallsreichtum

Was ist das bloß für ein Job? Ich stehe im Kaufhaus, in meinem strahlendweißen Kittel, und besprühe die Leute, die vorbeigehen, mit »Passion« oder »L'Air du temps«. »Ich muß doch sehr bitten!« sagen manche, während andere, sobald sie in meine Nähe kommen, dramatisch in die Taschentücher ihrer Ehemänner husten. Manchmal betrachte ich das Ganze als eine Art Zielübung: Ich nehme Frauen ins Visier, die so dreist sind, sich auf diese übertriebene, eingebildete Art an mir vorbeimogeln zu wollen.

Natürlich war nie vorgesehen, daß ich in einem Kaufhaus arbeiten sollte. Früher, als meine Boshaftigkeit lediglich als Zeichen meiner großen Intelligenz galt, sagte man mir oft: »Du landest noch mal bei Woolworth hinter der Ladentheke.« Eigentlich jedesmal, wenn ich meine Hausaufgaben nicht gemacht hatte oder beim Schwänzen erwischt wurde, am Busbahnhof Cola trank, den Kragen hochgeschlagen, damit mich kein vorbeikommender Lehrer erspähte. Aber meine Mutter wußte, daß ich für Höheres bestimmt war: »Ach, sie ist ein gräßliches kleines Mädchen«, sagte sie immer, doch ihre Augen leuchteten dabei, und ihr Lächeln war nachsichtig. So, wie sie »gräßlich« sagte, klang es richtig liebevoll. Ich war »gräßlich«, so, wie Buttercremetorte »ungehörig« ist. Ungehörig, aber unwiderstehlich.

Früher mochte man mich als pfiffiges Kind mit einem garstigen Sinn für Humor, und zu der Zeit schenkten meine Eltern mir einen Kaufladen, mit allem Drum und Dran: Winzige Pappschachteln mit Cornflakes und Dash, fingerhutgroße Dosen mit Baked Beans und Mais, Brotlaibe aus Plastik und Spielzeuggeld, das in eine kleine Kasse kam, die überzeugend klingelte, wenn man sie aufmachte.

Ich stockte den Warenbestand in meinem Laden unablässig auf, mit Obst aus Plastilin und mit Scheibchen von der Badeseife, die als Käse dienten. Meinen Bruder Patrick interessierte das alles nicht, und er ließ sich mit seinen elf Jahren auch nie dazu überreden, den Kunden zu spielen. Zumindest so lange nicht, bis er eines Tages bemerkte, was in den Regalen meines Ladens als Weinflasche herhalten mußte: Unser Babysitter hatte mir nämlich ein leeres grünes Minifläschchen Brut Aftershave geschenkt.

Da sonst keiner mit mir spielen wollte, war ich gezwungen, Fong Pi, Patricks heißgeliebtes Meerschweinchen, aus seinem Käfig zu kidnappen. Ich versuchte, ihm die Rolle der vielbeschäftigten Hausfrau beizubringen, indem ich löffelweise Meerschweinchenfutter zwischen den Sonderangeboten in meinem Zimmer verteilte. Patrick kam so wütend wie immer hereingestürmt, um seinen Liebling zu retten, grapschte ihn von der Ladentheke und stieß dabei sämtliche Auslagen um. Ich machte ein Heidengezeter, und aus Furcht vor Bestrafung erklärte er sich resigniert bereit, mir zu helfen, die Regale wieder einzuräumen. Plötzlich blieb sein Blick an dem einst leeren, jetzt mit Wasser gefüllten Brut-Fläschchen hängen.

»Die brauchst du nicht«, sagte er und schnappte sich das Fläschchen.

»Wohl«, entgegnete ich und entriß es ihm wieder, »das ist Weißwein.«

Patrick vergaß Fong Pi für den Augenblick, ging in sein Zimmer und kam mit einem Sixpencestück und einem süßlichen Lächeln zurück.

»Hier, für den Wein«, sagte er herzlich.

»Können Sie nicht lesen, Sir«, erwiderte ich in meiner besten Kaufladenstimme, »dieser Wein kostet zwei Shilling.«

Vor lauter Gier nach einem solchen männlichen Accessoire verließ Patrick der gesunde Menschenverstand. Er, der auf jede Werbung hereinfiel, ließ den vollen verlangten Preis springen.

Das Fläschchen war zu klein, um sich, wie in dem Fernsehspot angepriesen, den Inhalt »großzügig« ins Gesicht zu klatschen, doch der Anblick von Patrick, wie er sich mit dem schwach parfümierten Wasser betupfte, rührte meinen Vater (er, meine Mutter und ich mußten heimlich kichern) so sehr, daß er die Attrappe gegen eine echte Flasche mit dem süßlichen Duft austauschte. Meine Weinflasche fand den Weg zurück in den Laden, und ich durfte noch dazu die zwei Shilling behalten. Der Einzelhandel schien mir damals ein ziemlich vielversprechendes Gewerbe.

»Ach, du gräßliches, gräßliches kleines Mädchen«, sagte meine Mutter und kitzelte mich, bis ich kreischte. Verstehen Sie, als ich klein war, konnte ich meine Boshaftigkeit wie einen leicht ramponierten Heiligenschein tragen. Patrick schaffte es nie, meinen Level von gräßlich zu erreichen, er hatte einfach nicht mein Format, zumindest hörte ich, wie meine Mutter das zu meinem Vater sagte, als ich mal wieder spät abends an ihrer Schlafzimmertür lauschte.

Ich erinnere mich, wie Patrick, als er schon auf dem College war und ich noch zur Schule ging, mich einmal um Rat fragte. Im Gegensatz zu meinen selig arglosen Eltern wußte er, daß ich schon längst erfolgreich die Knutschwettkämpfe in der Mittagspause hinter der Theaterbaracke absolviert hatte und voll im sozialen Leben stand, mit Discoabenden im Jugendzentrum und den damit einhergehenden ständig wechselnden Beziehungen (wohl eine Art pubertäre Variante von Partnertausch). Ich zupfte mir die Augenbrauen zu einer dünnen Linie aus einzelnen Härchen und trug Kruzifix-Ohrringe. Am Mittelfinger drehte ich den Puzzlering aus acht Teilen, den mir mein Freund geschenkt hatte, und unter dem Kragen verbarg ich purpurrote Knutschflecken.

Als ich bereits einen festen Freund mit einem Ohrring, einem Spitznamen, einem Motorrad und einem Vorstrafenregister hatte, war Patrick noch immer völlig unbeleckt und für mich irgendwie peinlich, mit seinen gerade geschnittenen Kordhosen und den Tweedjacken von Harris. Am liebsten hätte ich ihn gegen einen Bruder ausgetauscht, der mehr wie Marc Bolan aussah, so einen Bruder, der meinen Freundinnen gefallen hätte. Ich nehme an, nur weil ich wußte, wie wichtig Hosen mit Schlag und Plateausohlen waren, hielt er mich für qualifiziert genug, ihm in bezug auf Julie Harvester Ratschläge zu erteilen.

Ich merkte immer genau, wenn er was auf dem Herzen hatte. Er wirkte nervös, als er sich seinen Nescafé machte, und ich saß einfach da und wartete, trommelte mit den Fersen gegen den Herd und stopfte mir ein Sandwich nach dem anderen rein.

»Du kriegst es an der Blase, wenn du da sitzen bleibst«, sagte meine Mutter im Vorübergehen.

»Was für 'ne Blase?« erwiderte ich und mußte an Seifenblasen denken, die in der Luft tanzen.

Sie warf mir ihren Blick zu, ihren insgeheim amüsierten Ach-du-bist-gräßlich-aber-ich-hab-dich-trotzdem-lieb-Blick. Zumindest faßte ich es so auf, wenn sie die Augen verengte und ihre schmalen Lippen spitzte.

Patrick stellte meinen Becher von der »Radio One Roadshow« auf das Tablett, das er mit auf sein Zimmer zu nehmen gedachte, wo er, von Tolkien ungebeten, emsig daran arbeitete, »Der Herr der Ringe« zu illustrieren, mit Kugelschreiber-Schraffierung. Er hatte schon sechs Skizzenbücher und drei meiner Schulblöcke damit gefüllt.

»Das ist mein Becher«, brummte ich verärgert, weil er ihn immer nahm und dann stehenließ, um in dieser roten Höhle, die als sein Zimmer diente, Penicillin zu züchten. Er warf mir einen Blick voller Geschwisterhaß zu, nahm die Tasse herunter, sah mich erneut an, lächelte und räusperte sich.

»Was hältst du davon, wenn ein Mädchen einen Jungen fragt, ob er mit ihr gehen will?« Na bitte, er hatte es gesagt, blitzschnell.

»Kommt drauf an, wie sie so ist«, sagte ich und zupfte

behutsam an ein paar splissigen Haarspitzen, die ich bemerkt hatte und die in dem tief einfallenden Licht vom Westfenster wie Fiberröhrchen angestrahlt waren. Ich fragte mich, ob er schwul war.

»Sie scheint ganz okay«, sagte er und wurde um die Schläfen rot, »sie macht eine Ausbildung als Sekretärin.«

»Und die hat dich gefragt, ob du mit ihr gehen willst? Hab ich dich richtig verstanden?«

Patrick, der mit seinen fast eins neunzig immer linkisch wirkte, sah plötzlich beinahe lächerlich riesig aus in dieser kleinen Landhausküche, während er sich extrem angestrengt darauf konzentrierte, seine vier Stücke Zucker in den Kaffee zu rühren. »Ja. Nein. Nicht genau. Aber ihre Freundin hat mir erzählt, daß ich ihr gefalle und daß sie mit mir gehen *will.*«

»Verstehe«, sagte ich. »Tja, dann mußt du überlegen, ob du sie für eine Schlampe hältst. Vielleicht ist sie ja eine, und deshalb fragt sie Jungs, ob sie mit ihr gehen wollen. Aber wenn sie keine Schlampe ist, dann ist es wohl in Ordnung.«

In diesen Dingen vertrat ich eine simple Haltung. Was genau ein Mädchen zur »Schlampe« machte, wußte ich nicht so genau. Ich wußte bloß, daß ich keine war. Das Mädchen, das vor mir mit meinem Freund gegangen war, na, das war wirklich eine Schlampe. Sie hatte gleich beim ersten Date mit ihm gevögelt, hinter dem Gemeindezentrum. Ich fand, mit so einer sollte Patrick lieber nicht gehen.

»Sie ist hübsch, finde ich. Ungefähr sechzehn. Wohnt in Summercombe. Sie heißt Julie. Ich hab sie jedenfalls noch nie mit irgendwelchen Jungs gesehen.« Patrick hatte offensichtlich keine Ahnung.

»Jaja«, sagte ich, mittlerweile ungeduldig, »aber was trägt sie für Klamotten?«

Ich dachte, wenn er mir wenigstens beschreiben könnte, wie sie sich kleidete, dann wäre ich in der Lage, ihm zu sagen, ob er sie näher kennenlernen sollte oder nicht. »Ach ja, und ist sie dick geschminkt, du weißt schon, nimmt sie zum Beispiel zuviel schwarzen Eyeliner?«

»Eyeliner... äh. Nein. Kleider. Ja, sie trägt Kleider. Und Blusen.«

Er blickte hoffnungsvoll drein, und ich beschloß, daß selbst eine Freundin, die Blusen trug, immer noch besser war als gar keine Freundin. Außerdem brannte ich schon darauf, Mum die gute Neuigkeit zu unterbreiten. Patrick würde bald seine erste Freundin haben. »Lad sie doch mal zu uns ein«, sagte ich und sprang vom Herd, »dann erzähl ich dir hinterher, was ich von ihr halte.«

Julie Harvester wurde zur regelmäßigen Besucherin in unserem Haus, wo sie, meiner Erinnerung nach, ziemlich oft das Geschirr spülte.

»Sie ist sehr gut für Patrick«, sagte meine Mutter jedesmal, wenn ich versuchte, ihr die Augen zu öffnen, daß Julie eine Langweilerin war.

»Und ich wünschte wirklich, du würdest nicht mit diesem schwarzen Nagellack herumlaufen, der macht dich so billig.«

Ich weiß nicht, ob meine Mutter geflissentlich die Augen vor den Tatsachen verschloß, aber sie schien zu glauben, daß ich noch immer ihr kleines Mädchen war. Und ich ließ sie bewußt in dem Glauben, daß ich das Frausein sozusagen nur ausprobierte, so, wie ich sie, als ich klein war, zum Lachen gebracht hatte, wenn ich in ihrem Schlafzimmer herumstapfte, die winzigen Füße in ihren viel zu großen besten schwarzen Lacklederpumps. Aber die Umstände entlarvten mich schließlich.

»Hannah«, flüsterte Julie eines Tages meiner Mutter zu, als wir uns alle an den Mittagstisch setzten, »ich denke, Sie sollten ins Bad gehen.« Julie wurde rot, meine Mutter, die gerade die Bratkartoffeln auf den Tisch stellte, blickte verwirrt auf. Ich saß auf dem Eckplatz, eingezwängt zwischen meinem Vater und Patrick. Panik erfaßte mich.

»Wieso das denn?« fragte meine Mutter.

Ich wußte, wieso. O Gott, es war schrecklich. Verfluchte Julie Harvester. Verflucht, daß ich in dieser Ecke gefangen war. Ich versuchte aufzustehen, mit brennendem Gesicht.

»Ich glaube, Sie haben da etwas liegenlassen«, erwiderte Julie, und ihr Blick wanderte bedeutungsvoll immer wieder in Richtung Badezimmer.

Meine Mutter ging aus dem Zimmer, noch immer verwirrt. Ich schnappte nach Luft. Ich tauchte unter den Tisch und kroch durch ein Meer von Beinen – die Hush Puppies meines Vaters, Patricks Joggingschuhe, Julies braune Strumpfhose und braune Ledersandalen –, ich wollte fliehen, als meine Mutter im Badezimmer auch schon meinen Namen rief. Sie hielt mein Pessar in der Hand. Ich hatte es zum Trocknen auf den Badewannenrand gelegt.

»Was ist das?« preßte sie durch schmale Lippen.

»Weiß nicht«, sagte ich, aber ich wußte, damit würde ich nicht durchkommen.

»Es gehört Miriam. Sie hat mich gebeten, es für sie

aufzubewahren«, fügte ich lahm hinzu. Meine Mutter schlug sich mit dem Handballen gegen die Stirn, mit der anderen reichte sie mir das Pessar, das wie eine tote Maus zwischen Daumen und Zeigefinger baumelte.

»Du sagst Miriam, daß ich so was hier nicht haben will.« Sie bewegte beim Sprechen kaum die Lippen, matte Augen wichen der Lüge in meinen aus.

Am Nachmittag desselben Tages zog Julie los und kam mit einem großen Strauß Osterglocken zurück, den sie meiner Mutter mit einer verständnisvollen Umarmung überreichte. Jeder mußte glauben, daß Julie, und nur Julie, das Unglück meiner Mutter an jenem Tag verstand.

Aber spät in der Nacht kam meine Mutter auf der Suche nach Trost in *mein* Zimmer, wie ich es mir gedacht hatte. Ich lag in meinem schmalen Bett, das abgewetzte seidige Band meiner Babydecke gegen die Wange gedrückt, die Augen geschlossen, und lauschte, wie sie im Dunkeln betete.

»Meine Kleine«, flüsterte sie schließlich, während ich mich weiter schlafend stellte, »werde nicht vor deiner Zeit erwachsen.«

In diesem letzten Jahr verbarg ich so vieles vor ihr. Jeden Morgen unter der Woche, wenn sie mich aus dem Haus winkte, baumelten ordentliche Zöpfe über dem Rükken meines Schulblazers, und nie sah sie die Plateauschuhe, die ich in meinem Spind in der Schule aufbewahrte, nie ahnte sie, daß ich den Bund meines marineblauen Rockes umkrempelte und die Zipfel der Bluse über dem Bauchnabel zusammenknotete. Es war ihr Job, meinen weißen Baumwoll-BH und die marineblaue Schuluniformhose zu waschen, doch sie hatte keine Ahnung, was für Mengen an Spitze und Satin und Reizwäsche hinten in meinem Schrank versteckt lagen.

Mein Einfallsreichtum schützte sie vor der Wahrheit. Wie hätte sie ahnen können, was passieren würde, als sie mich an jenem Sommerwochenende mir selbst überließ? Eine Fünfzehnjährige und ihr vernünftiger älterer Bruder allein zu Hause, das hätte eigentlich nicht ein solches Chaos geben dürfen.

»Ich würde ja mitkommen, wenn ich nicht noch soviel Hausaufgaben machen müßte«, log ich, »aber das schaffe ich sonst nicht.«

»Ich bleibe besser hier und passe auf«, sagte Patrick und ließ den Blick von mir zu meiner Mutter wandern, die Stirn demonstrativ gerunzelt. So besorgt.

Die Beerdigung unserer Tante war nun weiß Gott nicht so verlockend, als daß er deshalb auf die zarten Wonnen von Julie Harvester verzichtet hätte, oder ich auf den erregenden Moschusduft meines Freundes.

»Essen steht im Kühlschrank. Paßt aufeinander auf. Und telefoniert nicht so viel«, sagte meine Mutter und richtete dann ihre forschenden Augen ausschließlich auf mich: »Keine Dummheiten, nur weil wir nicht zu Hause sind. Ich will nicht, daß diese Miriam herkommt, verstanden?«

»Miriam, nein, natürlich nicht«, sagte ich.

Kaum war der braune Cortina aus der Einfahrt verschwunden, da eilte Patrick auch schon zum Telefon. Ich stand daneben, trat von einem Bein aufs andere, sah auf die Uhr, funkelte ihn an. Er telefonierte mit Julie, machte mit ihr ein Stenodiktat, ja, im Ernst, als Übung für ihre Prüfung, damit sie schneller wurde.

»Sehr geehrter Mr. Boots, unser Geschäftsführer Mr. Shoes bat mich, Ihnen in Beantwortung Ihres Schreibens vom zweiten Februar...« Seine Stimme leierte weiter und weiter. Ich mußte ans Telefon. Ich hatte meinem Freund versprochen, ihn sofort anzurufen, wenn die Luft rein war. Ich sehnte mich nach dem Klang seiner Suzuki zweihundertfünfzig.

»Patrick...«, unterbrach ich ihn wütend.

»Verpiß dich«, fauchte er und hielt dabei die Hand über die Sprechmuschel, um die angehende Sekretärin nicht zu brüskieren.

Ich blieb in der Diele. Mr. Shoes schien alles an seine Sekretärin zu delegieren, die, wie ich der einseitigen Unterhaltung entnahm, nicht länger als bis elf Uhr abends bei uns im Haus bleiben durfte, weil ja unsere Eltern nicht da waren.

Es war ein super Abend im Pub. Ich trank Rum mit Johannisbeersaft und gewann trotzdem noch beim Poolbillard. Wir versteckten das Motorrad am Ende der Einfahrt: Das letzte, was ich gebrauchen konnte, war, daß Patrick plötzlich den verantwortungsbewußten Erwachsenen spielte und meinem Freund verbot, über Nacht zu bleiben. Mühsam das Kichern unterdrückend, schafften wir es am Wohnzimmer vorbei und in mein Zimmer, wo ich den Griff meiner Haarbürste unter die Tür klemmte, damit Patrick nicht einfach so reinplatzen konnte. Ich legte »Houses of the Holy« von Led Zeppelin auf und stellte auf Repeat, um jedwede verräterischen Geräusche zu übertönen. Und ich drehte eine rote Glühbirne in die Schreibtischlampe. Wir sprachen ordentlich einer Flasche Southern Comfort zu, zogen die Daunendecke von meinem schmalen Bett und bauten uns ein kuscheliges Nest auf dem Fußboden.

Als wir aufwachten, klebrig und steif, ging ich erst mal nachsehen, wo Patrick steckte. Er war schon weg, zu seinem wöchentlichen Tennismatch mit Julie. Wir holten das Motorrad hinter der Hecke hervor und parkten es vor dem Haus. Dann machten wir uns Spiegeleier und Baked Beans.

»Oh, du bist ja schon wieder da«, sagte Julie, frisch wie der junge Morgen, noch immer in ihrem weißen Tennisdreß, und bedachte meinen Freund mit einem Blick, in dem jene Wärme lag, die man sich sonst für einen geilen Kater auf Brautschau vorbehält.

»Ihr habt wohl nicht zufällig Lust, mit Patrick und mir eine Partie Scrabble zu spielen?« fragte sie und schob die Haarklammern zurecht, die ihr die Haare ihrer praktischen Bubifrisur aus den Augen hielten.

»Scrabble?« fragte er. »Was is'n das?«

Ich stellte mich hinter Julie, schüttelte den Kopf und machte Schneidebewegungen mit dem Finger über meine Gurgel, um ihm zu zeigen, was ich von ihrem Vorschlag hielt. Scrabble? Von wegen.

»Nee, laß mal«, sagte er und zwinkerte mir zu. »Kümmert euch nicht um uns, ich glaub, wir gehen nach oben und hören ein bißchen Musik.«

»Das macht ihr nicht, jedenfalls nicht jetzt«, sagte Patrick. »Wir wollen ein bißchen Ruhe und Frieden, nicht diesen dumpfen Radau... heute nacht hat sie unentwegt irgend so eine furchtbare Platte gespielt.«

Er warf mir einen wütenden Blick zu. Ergeben stellten wir unsere mit Spiegelei und Bohnen verschmierten Teller in die Spüle und gingen nach draußen.

Wir waren ziemlich aufgeregt, das weiß ich noch. Mein Freund hatte im Pub holländisches Gras besorgt, und ich brannte darauf, meinen ersten Joint zu rauchen. Vor ein paar Jahren waren es Zigaretten gewesen, die ich Miriams Mutter aus der Handtasche stibitzt und in dem alten Schuppen, meiner Höhle, geraucht hatte. Mein Freund und ich gingen zu der Holzhütte, schlichen uns hinein und verriegelten die Tür.

Der Joint war stark, viel zu stark für eine Fünfzehnjährige, die nie etwas Verruchteres geraucht hatte als eine Embassy No. 1. Mein Kopf trennte sich vom übrigen Körper, als ich benebelt auf die Holzbank kletterte, die ich mit alten Blümchenkissen und mit grauen Wolldecken wie von der Heilsarmee ausstaffiert hatte. Meine Finger prickelten, die meiste Zeit war ich nur halb bei Bewußtsein, und es roch nach Kreosot, Marihuana und feuchter Wolle, als wir uns so gierig liebten, wie das nur die frisch Eingeweihten tun, schliefen und uns wieder liebten. Und wieder. Es war schon später Nachmittag, als wir so langsam wieder zu uns kamen. Ich war wund und sehr durstig.

Die Hütte hatte ein kleines Fenster mit seltsamen gelben Stoffvorhängen, auf denen graue und schwarze Möwen dahinsegelten. Die Möwen tanzten vor meinen Augen, als ich aus dem Fenster und hinüber zum Wintergarten sah, wo Patrick und Julie wenige Stunden zuvor Scrabble gespielt hatten, nur wenige Schritte entfernt. Wir waren laut gewesen, und es war mir peinlich.

»Bleib noch ein bißchen hier«, sagte ich zu meinem Freund und zog mir ein T-Shirt über. »Ich hol dir Tee.«

Julie war nirgends zu sehen. Patrick saß allein vor

dem Fernseher, sah sich aber nichts an, sondern zeichnete wie wild.

»Du bist ein verdammtes kleines Flittchen«, sagte er, als er mich sah.

»Und du bist ein verpißter Schlappschwanz«, erwiderte ich.

Blitzschnell war er aufgesprungen, das Gesicht kalkweiß, und schlug mich, so fest er konnte, auf die Wange. Ich wurde umgeworfen. Als ich wieder aufstehen wollte, schlug er mich erneut. Bei jedem Schlag sah ich weiße Sterne, mir klingelten die Ohren, meine Nase fing an zu bluten. Ich war so schockiert, daß ich die Wucht seiner Fäuste nicht richtig spürte, und versuchte immer wieder, mich aufzurappeln. Jedesmal, wenn ich gerade wieder stand, schlug er mich erneut nieder.

»Das zahl ich dir heim, du Schwein«, kreischte ich, als ich schließlich zur Tür flüchtete, »das zahl ich dir heim.«

»Jetzt holst du wohl einen von deinen knallharten Motorradfreunden, damit er mich zusammenschlägt, was?« höhnte er. Aber er hatte Angst.

Um ehrlich zu sein, ich wollte tatsächlich, daß mein Freund ihn sich vorknöpfte, als ich zurück in die Hütte stürzte, hysterisch und blutend. Aber er sah die Dinge anders.

»So ein Drecksack«, sagte er. »Dem würde ich am liebsten die Fresse polieren.«

»Meine Erlaubnis hast du«, drängte ich. Ich schmeckte Blut im Mund.

»Das kann ich nicht machen«, sagte er und warf wütende Blicke in Richtung Haus. »Deine Eltern würden mich nie mehr in deine Nähe lassen. Sei vernünftig. Du mußt versuchen, drüber wegzukommen.«

Schließlich überredete mich mein Freund, zurück ins Haus zu gehen. Er machte mich sauber, gab mir einen Brandy. Wir legten uns in meinem Zimmer hin, und ich weinte lange. Als wir wieder rauskamen, guckte Patrick gerade »Solo für O.N.C.E.L.« Ich fing geräuschvoll an, Kaffee zu kochen.

»Mach mir auch eine Tasse«, rief er in einem betont barschen Tonfall, als würde ich es von nun an nicht mehr wagen, nicht das zu tun, was er verlangte.

Meine Nase fing wieder an zu bluten, und ich ging zum Badezimmerschrank, um die Blutung mit noch mehr Watte zu stillen. Auf dem oberen Regal, neben der rostenden Dose mit Lebertran und der klebrigen Benylin-Flasche, stand ein großer Schraubbehälter Senokot, und jede einzelne der kleinen moosgrünen Pillen konnte selbst die hartnäckigste Verstopfung lösen. Ich nahm den Behälter, zählte den gesamten Inhalt in meine zitternde Hand. Achtzehn Pillen. Ich mußte sie mit dem Stößel im Mörser zerstampfen, und ich hatte panische Angst, daß Patrick sie rausschmecken würde, als ich das ganze Pulver in seinen Kaffee gab. Ich tat fünf Löffel Zucker dazu und kostete vorsichtig. Es schien zu gehen, und, erneut zitternd, brachte ich ihm den Abführkaffee. Er nippte seinen Kaffee mit affektierter Siegerpose und gab nach jedem Schluck laute blöde »Ahs« von sich.

»Nun«, sagte er nach einem weiteren sarkastisch geheuchelten Lächeln: »Du willst es mir also heimzahlen, was?«

»Ja«, sagte ich und ging aus dem Zimmer.

Ich hatte Angst. Mein Freund war nach Hause gefahren, und meine Eltern würden nicht vor Mitternacht zurück sein. Ich klemmte die Haarbürste unter meine Zimmertür und ging zu Bett. Irgendwann in der Nacht hörte ich einen Wagen vorfahren, ihre gedämpften Stimmen durch die Wand, als sie sich bettfertig machten. Das nächste, woran ich mich erinnere, war der jähe Schock von kaltem Wasser – und ein widerlicher Gestank. Patrick stand vor mir, wutschnaubend, den altertümlichen Nachttopf, den meine Mutter im Badezimmer stehen hatte, in einer Hand. Er war jetzt leer. Dann krümmte er sich stöhnend an meinem Fußende. Von dem Lärm aufgeschreckt, kamen meine Eltern hereingerannt, die Haare meines Vaters standen nach allen Himmelsrichtungen ab. Patrick stürzte zurück zur Toilette, brüllte und wälzte sich auf dem Boden.

»Was zum Teufel ist hier los?« wollte meine Mutter wissen.

»Sie hat mich vergiftet«, stöhnte Patrick.

»Er hat mich geschlagen. Bis ich geblutet habe«, schrie ich zurück, riß mir das nasse, stinkende T-Shirt vom Leib und würgte.

Meine Mutter packte mich an den Schultern. Noch immer triefte ich von Exkrementen. »Was hast du getan?«

»Abführmittel.« Ich fing an, hysterisch zu kichern.

Patrick war aufgestanden und in die Küche gelaufen. Als er zurückkam, hielt er das Messer in der Hand, das meine Mutter immer für den Sonntagsbraten nahm. Ein langes, gebogenes Tranchiermesser mit einem Griff aus imitiertem Elfenbein. Ich floh, mittlerweile nackt, zur Tür, rannte um mein Leben, Patrick und das Messer nur knapp hinter mir. Als Patrick einen Hechtsprung machte, warf sich mein Vater dazwischen, Patrick erwischte ihn mit dem Messer an der Schulter und fiel dann zu Boden. Es dauerte eine Ewigkeit, bis der Krankenwagen kam. Er nahm sie beide mit, meinen Vater, damit seine Wunde verarztet, und Patrick, damit ihm der Magen ausgepumpt wurde.

Während ich im Bad war, zog meine Mutter mein Bett ab und stopfte das besudelte Federbett, Kissen und Laken in einen Müllsack. Ich kann mir nur denken, daß der Zustand des Bettes sie derart in Rage brachte, daß es für sie kein Halten mehr gab. Als ich aus dem Bad kam, war mein Doppelleben kein Geheimnis mehr. Sie war mir auf die Schliche gekommen: Der Kleiderschrank war leer, meine Sachen waren in den Armeekoffer meines Vaters gepackt, der Inhalt meines Schreibtisches – angekaute Stifte, eine klecksende Füllerpatrone und mit Graffiti bemalte graue Plastikschulhefte – war über die Klamotten verteilt. Ein anderer, kleinerer Koffer beherbergte meine Bücher, Pullover und T-Shirts, alles völlig durcheinander, sowie meine Unterwäsche, ein Wirrwarr aus Satin-BHs, Slips von Marks and Spencer's und meinen – bis zu diesem Augenblick – geheimgehaltenen schwarzen Hüftgürtel, der zusammen mit Kettchen aus Glasliebesperlen, metallenen engen Halsketten und Ringen dort gelandet war.

Die Tapete war an den Stellen zerrissen, wo meine Poster mit Roger Dean und David Bowie vom Klebeband gehalten worden waren. Sogar meine Ehrenurkunde im Schwimmen war runtergerissen und lag zerknüllt in einem anderen Müllbeutel, zusammen mit meinen Schallplatten und Schuhen.

Aus der Schublade unter meinem Bett hatte sie die zusammengequetschten Überreste einer alten Spermizidtube geholt, mein abschließbares Tagebuch der letzten fünf Jahre, meine Fotoalben und den kleinen Plastikbeutel mit dem übriggebliebenen Marihuana, einige übergroße Rizla-Papierchen und zwei Zigaretten. Sie hatte alles in einen Pappkarton geworfen, zusammen mit Lubiloo, der Stoffpuppe, die sie mir aus ihren alten Strumpfhosen und Wolle gemacht hatte, als ich in den Kindergarten kam, und meinem alten Teddybären mit den Lederknopfaugen.

Ihre Frisur war völlig aufgelöst, ihr blaues Popelinnachthemd vorne verdreckt. Sie sah mir direkt in die Augen, starrte mich an, als sähe sie mich zum erstenmal richtig.

»Ich kann nicht mehr, ich will, daß du gehst«, sagte sie, »du bist ein gräßliches, gräßliches Mädchen.« Und zum erstenmal meinte sie es genau so.

Nichts Persönliches

Der Babysitz ist schon wieder voller Glassplitter. Auch nachdem Kate die Überreste des kaputten Innenlichts weggefegt, den Sitz aus dem Wagen gehievt und ihn auf dem Bürgersteig ausgeschüttelt hat, stecken noch immer winzige Splitter in dem grau-weiß gestreiften Bezug, wie silbriger Glimmer. Aus dem Wagen ist nichts gestohlen worden, weil es nichts mehr gab, was man hätte stehlen können. Das Radio-Kassettengerät war gleich beim erstenmal weg, zusammen mit ihren Kassetten und dem Kleingeld, das sie im Aschenbecher für die Parkuhren aufbewahrte. Beim zweitenmal hatten sie zwischen dem Abfall aus schwärzlichen Bananenschalen und leeren Zwiebackpackungen einen alten grünen Schuhsack aus Leinen entdeckt, der ein paar Ersatzwindeln und Kinderspielsachen enthielt, aber vermutlich alle möglichen Reichtümer verhieß. Doch damit nicht genug. Obwohl sie den alten Renault jetzt so leer stehenläßt wie ein Vorführmodell, ist er seitdem noch fünfmal aufgebrochen worden, und das hier ist das zweite Mal in dieser Woche. Sie haben die Scheibe sogar eingeschlagen, als sie die Türen unverschlossen ließ. Es war nichts Persönliches.

Jetzt würde sie also doch nicht zum Supermarkt fahren können. Sie wird warten müssen, bis der Mann von der Autoglaserei kommt, um die Scheibe zu ersetzen. »Diese Straße«, wird er sagen, »das sind die Schulkinder, die das machen, wissen Sie.« Der Laden an der Ecke wird erneut von ihrem Pech profitieren. Zum Lunch wird es Nudeln aus der Dose geben, ein paar überreife Bananen. Oder einen in Zellophan abgepackten Auflauf.

Egal. Schon seit der Zeit vor der Geburt des Babys schmeckt ihr nichts mehr richtig. Ganz gleich, was auf dem Teller ist, sie muß sich zum Kauen zwingen, ein widerwilliger Akt der Zerkleinerung in einem trockenen Mund. Alles, was sie kocht oder aufwärmt oder direkt aus der Dose ißt, verwandelt sich in trockene Brocken, die ihr beim Schlucken weh tun. Sie kommt sich vor wie eine Gans mit vergrößerter Leber, die Füße an ein Brett genagelt, während sie das Essen vom Löffel in ihren ungehorsamen Mund zwingt. Aber sie muß essen, das weiß sie. Sie muß essen, um für ihr Kind stark zu bleiben.

Kate sieht nicht in den Spiegel, aber nachts im Bett kann sie das Skelett unter ihrer Haut berühren. Im Dunkeln denkt sie an die Hexe bei Hänsel und Gretel, der man statt eines drallen Kinderfingers einen Hühnerknochen zum Befühlen gab. Die Hexe wird sie nicht aufessen. Noch nicht. Bei Tag sehnt sie sich danach, ihr Baby zu trösten, seinen Kopf an ihren weichen Körper zu schmiegen, aber der ist nicht weich, und sein Kopf stößt gegen ihr Brustbein. Seine Finger können ihr Handgelenk umschließen.

Der Kleine scheint sich nach ihr zu richten. Sie versucht es mit süßen Früchtepürees und Puddings, wie in dem Buch empfohlen, doch der Plastiklöffel stößt gegen verschlossene, abwehrende Lippen. Wenn Kate mittags in der Bar arbeitet, kümmert sich Mrs. Kelly aus der Wohnung über ihr um das Baby. Die liebenswerte, dralle, irische Mrs. Kelly, die Mitleid mit Kate hat, weil sie sich und ihr Kind allein durchbringen muß. »Das arme Ding, sie sieht nie eine Menschenseele, außer den Biertrinkern, die sie im Pub bedient«, erzählt Mrs. Kelly ihrem Mann. »Dabei ist sie doch selbst fast noch ein Kind. Ich begreife ihre Eltern nicht. Kate hat mir erzählt, sie wissen noch nicht mal was von ihrem Enkelsohn. Man sollte doch meinen, daß sie sich nach all der Zeit mal bei ihr melden würden, oder etwa nicht?«

Bei Mrs. Kelly ißt das Baby. »Oh, mein Lammbraten hat ihm aber geschmeckt«, sagt sie. »Er hat alles aufgegessen, bis auf den letzten Krümel. Der gefräßige Kleine.« Kate kann vor ihrem Baby nicht weinen. Einmal hat sie es getan, aber da hat es ihren Blick gesucht und vor Panik und Schrecken und Kummer auch angefangen zu schluchzen. Sein Zittern, als sein Fels vor seinen Augen zerbröckelte, war einfach zu herzzerreißend, als daß sie es noch einmal ertragen könnte.

Kate trägt jeden Tag das gleiche: ein dünnes, weißes T-Shirt, eine alte abgeschnittene Levisjeans, an den Knien ausgefranst, und marineblaue Espadrilles. Wenn es kalt ist, zieht sie ein verwaschenes blaues Sweatshirt über das T-Shirt. Heute ist ein Tag wie jeder andere, denkt sie, doch Mrs. Kelly will nichts davon hören, als sie den Kleinen nach oben holt, um auf ihn aufzupassen. »Das ist nicht richtig, Kate«, sagt sie. »So können Sie nicht zur Beerdigung Ihres Vaters gehen. Das ist taktlos.«

Das Baby wandert von ihrem Arm in den von Mrs. Kelly, ohne sich zu sträuben. Leicht wie eine Brise. Zu leicht, denkt Kate.

Kate war noch nie im Haus ihrer Eltern. Jedenfalls nicht in diesem. Dieser auf georgisch gemachte Sandsteinwürfel ist das Post-Kate-Haus. Das Haus, in dem sie aufwuchs, war ganz anders. Es hatte Speicherzimmer und feuchte Keller, quietschende Türen und zugige Korridore und einen düsteren und zugleich magischen Garten, wo der moosige Rasen durch alte Lorbeerbäume mit wächsernen Blättern und Rhododendronbüsche gegen jedes Licht abgeschirmt war. Nachts gab es Fledermäuse und kreischende Raubvögel, und man konnte so eben die Lichter der Stadt ausmachen, die elf Meilen entfernt jenseits des Tales lag. Es gab keine Nachbarn in Sichtweite, und im Umkreis von mehreren Meilen keine, mit denen ihre Eltern je geredet hätten. Sie redeten auch fast nie mit Kate, aber damals erschien ihr das nicht sonderbar.

Dieses neue Haus, in das die beiden, kurz nachdem sie sie für immer verlassen hatte, gezogen sind, hat Nachbarn, die hinter den Gardinen lauern und ihrer Mutter gewiß das Gefühl vermitteln, zu einer Gemeinschaft zu gehören, und es ist schwer sich vorzustellen, daß ihre Mutter überhaupt zu einer Gemeinschaft gehören will. BMWs und Volvos parken in den Einfahrten, und ein gut sortierter Supermarkt ist bequem zu Fuß zu erreichen.

Als Kate nun knirschend den Kiesweg hochgeht, fühlt sie sich plötzlich verloren, wie in diesen Träumen, in denen sie von der Schule nach Hause kommt und feststellt, daß dort Fremde wohnen, die noch nie von ihr gehört haben und sie fortschicken. Nur diesmal ist es umgekehrt.

Zwei gestutzte Eiben mit orangefarbenen Beeren bilden einen Bogengang vor der Haustür, die gelb gestrichen ist, das Gelb von giftigem Kreuzkraut, Wespen und Verkehrsschildern. »So eine hübsche, fröhliche Farbe«, hört sie im Geist ihren Vater sagen.

Wie seltsam, ihre Eltern in einem solchen Haus wiederzusehen, denkt sie. Nur, daß sie sie natürlich nicht beide dort wiedersehen wird, nur ihre Mutter, die nun die Tür öffnet, mit ausdruckslosem Gesicht, als sie ihr einziges Kind von oben bis unten mustert.

»Du bist zu dünn«, sind die ersten Worte, die die Mutter nach beinahe zweijähriger Entfremdung an die Tochter richtet.

Sie sitzen in der Küche, beäugen einander argwöhnisch, keine von beiden weiß, was sie sagen soll. Jetzt ist der Moment, wo du mir sagst, wie sehr er mich geliebt hat, denkt Kate, sagt aber nichts.

»Wie soll ich ohne ihn leben?« ist das einzige, was ihre Mutter sagt, das nasse Gesicht in die Hände gepreßt. Aber Kate kann sie nicht trösten. Sie bleibt, wo sie ist, sitzt auf dem Küchenstuhl, baumelt mit den Beinen. Geschieht dir recht, denkt sie. Du hättest dir Zeit für andere Menschen nehmen sollen.

Kate sieht zu, wie ihre Mutter sich die Nase in ein feuchtes Knäuel Küchenpapier putzt, und fühlt sich leer. Sie wird ihr nichts von dem Baby erzählen, weil sie es nicht verdient, davon zu erfahren. Sie trinken Tee, den Kate in ihr unbekannten geriffelten Tassen aufbrüht. Sie blickt sich in dieser fremden Küche um und sucht nach Anzeichen, nach etwas Vertrautem, das sie mit der tragischen Frau, die sie ihre Mutter nennt, verbinden könnte, findet aber nichts.

Endlich sehen sie den Sarg und den Leichenwagen draußen auf der Straße vorfahren. Ihre Mutter versucht Kates Arm zu nehmen, als sie das Haus verlassen, aber Kate gibt nicht nach.

»Dein Onkel Connor wird auch da sein. Ich hoffe, das ist kein Problem für dich«, sagt ihre Mutter, als sie hinten in den Wagen einsteigen.

»Soll das heißen, daß du mir jetzt glaubst?« fragt Kate und schaut ihrer Mutter in die verquollenen Augen.

Ihre Mutter sieht weg. »Ich weiß nicht, was ich glauben soll«, sagt sie steif. »Ich frage mich das, seit du fortgegangen bist. Aber ich hatte immer nur dein Wort. Dein Wort steht gegen seins, und seins habe ich gar nicht gehört. Wie sollte ich auch? Er war der Mann meiner armen Schwester.«

Onkel Connor. Irgendwie hat er es vor allen anderen von der Kirche zum Friedhof geschafft. Kate sieht ihn vom Fond des schwarzen Daimler aus, wo sie von ihrer schluchzenden Mutter weggelehnt sitzt, nach den Lesungen und den Chorälen, den Gebeten und den Nachrufen, die in ihr nichts hervorrufen konnten, das auch nur entfernt an töchterliche Trauer erinnert. Wie ein schlaksiger Schuljunge kriecht er auf allen vieren unter dem Kastanienbaum herum, der das Grab ihres Vaters beschatten wird. Er hebt Kastanien auf, betrachtet sie prüfend und vergleicht sie, wie ein Diamantenhändler, der sich Edelsteine ansieht. Schließlich sucht er eine aus, hält sie hoch gegen das Licht und dreht sie zwischen Daumen und Zeigefinger, bevor er sein Jakkett öffnet und sie in die Westentasche steckt. Das ist eine alte Gewohnheit von ihm, immer etwas vom Tatort mitzunehmen.

Diese glänzende Kastanie wird sich zu den anderen sentimentalen Souvenirs gesellen, die er in der Schublade seiner Küchenkommode hortet: Steine von Berggipfeln und vom Grund des Meeres, ein Stück versteinertes Holz aus einem mittelalterlichen Wald, der Stummel einer Talgkerze von seiner eigenen Konfirmation, das himmelblaue Nylonstrumpfband einer jugendlichen Prostituierten, ein verbogenes Metallstück aus dem Rumpf eines Flugzeugs, das mit ihm an Bord eine Bruchlandung erlitt, ein brüchiger Strauß von wildem griechischem Thymian, gehalten von einem gelben Haarband. Kates Haarband. Connor kennt die Geschichte hinter jedem einzelnen dieser Andenken. So, wie andere Menschen Fotos als Erinnerungsstützen brauchen, hat er eine Schublade mit seiner eigenen Autobiographie.

Er befingert die Kastanie in seiner Tasche, als der Sarg – der wie alle Särge zu klein erscheint, um einen Menschen aufzunehmen – in die Erde hinabgelassen wird. Der Himmel verdunkelt sich, während die Leute vortreten. Manche schniefen in ihre Taschentücher, andere werfen wachsbleiche Lilien ins Grab, dornlose Rosen und gekräuselte weiße Nelken. Kate hat keine Blumen, und ihre Mutter streckt ihr eine langstielige Rose entgegen. »Danke, aber ich möchte lieber nicht«, sagt sie, bewußt förmlich und verkniffen. Ein Dutzend Menschen, so anonym wie Krähen, stehen auf dem verdreckten Kunstrasenteppich, der um das Grab ausgelegt worden ist, und werfen einen letzten Blick tief in die Erde. Dann fängt es an zu regnen. Dicke Wassertropfen, die die Erdklumpen zerfließen lassen und die Trauernden kopfschüttelnd und mit hochgezogenen Schultern zurück zu ihren Wagen treiben. »Das hätte ihm gefallen«, sagt Connor zu niemand Besonderem und zeigt zum Himmel.

O ja, denkt Kate, du glaubst, du wüßtest alles über jeden. Aber das tust du nicht. Ihr Vater und Connor sind sich nur selten begegnet. Sie kann sich nur an zwei Male erinnern, wo sie eine gewisse Zeit zusammen verbrachten, aber ihr Vater hatte wie üblich nur Zeit für ihre Mutter, alle anderen vergessend. »Ein Eremitenpärchen.« So nannten Connor und Tante Maggie sie. Pech, daß ausgerechnet sie solche Eltern hatte.

Kates Vater war oft Wochen, manchmal Monate für das Außenministerium auf Reisen. Als Kate klein war, vermißte sie ihn, doch dann akzeptierte sie es, daß er nur Augen für ihre Mutter hatte, wenn er zurückkam. Kate wurde nie im Zweifel darüber gelassen, daß ihre Mutter, wenn sie alle drei an einem Abgrund gestanden hätten und er nur eine hätte retten können, die Überlebende gewesen wäre.

Die einzigen Menschen, die sie je besuchten, waren Maggie und Connor. Einmal in deren Haus in Somerset und dann das schreckliche Mal, kurz nach Maggies Tod, mit Connor in Griechenland.

Kates deutlichste Erinnerung an das Wochenende in Somerset ist der Spaziergang im Wald. Und natürlich war ihr Vater nicht mitgekommen, sondern war lieber im Haus geblieben und hatte ihrer Mutter die verspannten Schultern massiert, während sie auf dem Teppich zwischen seinen Knien saß. Kate hatte ihn angefleht, mit ihr auf Entdeckungsreise in den Wald zu gehen, aber er hatte abgewinkt. Also wurde sie mit ihrem Onkel losgeschickt, gemeinsam mit den Söhnen der Haushälterin, die ungefähr in ihrem Alter waren, acht oder neun, aber viel selbstbewußter als sie, viel lauter.

Connor war mit ihnen in den Wald gegangen. Kate weiß noch, wie gern sie es gehabt hätte, daß er ihre Hand nimmt, um den anderen zu zeigen, daß sie eine Familie waren, aber er ging voraus wie der Rattenfänger, und die Jungs und Kate folgten ihm. Er zeigte ihnen, wie man ohne Streichhölzer im Wald Feuer macht. Sie wurde losgeschickt, um Rinde von der Birke am Fluß abzupulen. Connor und die Jungen hockten sich dann auf den torfigen Boden und erzeugten Reibungsfunken, indem sie einen Stock drehten, in den er eine Rille für die Kordel des Bogens geschnitzt hatte, den er aus einem Weidenzweig gefertigt hatte. Sie brachten an diesem Tag ein Feuer zustande, aber eigentlich hatte es ihr keinen Spaß gemacht. Ihr Hintern war naß geworden. Connor zeigte den Jungen, wie man das Feuer auspinkelt, und sie hatte nicht mitmachen können. Das also ist Penisneid, dachte sie, nicht damals, sondern Jahre später.

Und dann war da Patmos, die Landschaft ihrer endgültigen Entfremdung von ihrer Familie. Kate weiß noch, wie der Tag anfing. Kates letzter Tag, nicht der ihrer Eltern: der Tag, an dem sie sie, weinend und schluchzend, in ein Flugzeug setzten, das sie zurück nach England brachte.

Sie hatte den Zucker von einem Donut gepickt. Schon seit ihrer Ankunft auf der Insel hatte sie sich unwohl gefühlt. Es war zu heiß, und ihre Mückenstiche waren dick geschwollen. Ihre Mutter, die wußte, wie schlimm Kate darauf reagierte, hatte vergessen, das Antihistamin einzupacken. Aber das war nach Kates Ansicht noch das harmloseste Verbrechen ihrer Mutter während dieses – ihres ersten und letzten – Familienurlaubs.

»Warum darf ich denn keine Freundin mitnehmen?« fragte Kate immer wieder, bevor sie England verließen, um, zumindest in der Gedankenwelt eines Teenagers, ins österliche Exil zu gehen, in das griechische Ferienhaus ihres Onkels Connor, hoch oben auf einem Berg, in völliger Abgeschiedenheit, mit nur einem halbverfallenen Kloster in der Nähe. Sie würde nutzlos rumhängen und wie immer versuchen, die Aufmerksamkeit ihres Vaters zu gewinnen.

»Es soll dort sehr friedlich sein, du mußt ohnehin viel für die Schule nachholen«, erwiderte ihre Mutter.

»Aber ich kann doch nicht jeden Tag büffeln, oder?« maulte sie. »Warum darf Cathy nicht mitkommen, dann könnten wir wenigstens zusammen lernen, und ich hätte jemanden, mit dem ich reden kann.«

»Du kannst immer mit uns reden, das weißt du«, sagte ihre Mutter mit einem Seufzer.

»O ja, prima. Vielen Dank. Ich freu mich schon drauf«, erwiderte Kate patzig. Sie konnte sich jedenfalls nicht erinnern, daß ihre Eltern je mit ihr ein längeres Gespräch geführt hatten.

»Ach, zum Donnerwetter, Kate«, sagte ihre Mutter, »sei doch nicht so furchtbar egozentrisch. Meine Schwester ist gestorben. Deinem Onkel geht es sehr schlecht, und mir auch. Ich habe auch keine große Lust, nach Patmos zu fahren, aber er möchte es nun mal gerne. Hör auf, nur an dich zu denken, und tu uns allen einen Gefallen.«

Kate hatte eigentlich nicht verstanden, wieso ihre Mutter soviel Aufhebens um Tante Maggies Tod machte. Ja, es war traurig, aber solange Kate zurückdenken konnte, hatte man damit gerechnet. Die Schwestern hatten sich ohnehin nicht oft gesehen, und jedesmal, wenn Kates Mutter ihr mal einen Besuch abstattete, war sie bei ihrer Rückkehr niedergeschlagen gewesen. »Sie macht es kein Jahr mehr«, sagte sie dann immer, »das Ende ist jetzt unaufhaltsam.« Die arme Maggie war über ein Jahr ans Bett gefesselt gewesen, während der Krebs sich in ihrem Körper ausbreitete, durch sie hindurchmarschierte, sie zunächst der Hoffnung beraubte, je Kinder haben zu können, und schließlich, Ende Februar, des Lebens selbst. Maggie hatte Ostern immer gern in Griechenland verlebt, und deshalb bat Connor sie alle, ihn zu begleiten. Maggies Asche sollte am Ostersonntag verstreut werden.

Kate tat so, als würde sie ihre Mutter nicht beobachten, während sie eine Kolonie großer schwarzer Ameisen mit Krümeln von dem Donut fütterte. Vor ihr lag »Der Fänger im Roggen«, aufgeschlagen und nach unten gedreht, noch immer erst auf Seite dreiundzwanzig, wie schon vor zwei Stunden, als sie ihn mit nach draußen in den Hof genommen hatte. Von ihrem Beobachtungsposten hinter einer babyblau blühenden Bleiwurz aus konnte sie ihre Mutter sehen, zu der sich jetzt ihr Vater gesellte, der zwei Gläser Mineralwasser aus der Küche geholt hatte. Klimpernde Eiswürfel. Traute Zweisamkeit. Liebende unter der griechischen Sonne, Arme und Beine ineinander verschlungen wie Teenager.

»Ich habe Durst«, sagte Kate. Sie ging behutsam auf schmerzhaft nackten Füßen über den mit schwarzweißem Kies bestreuten Hof zur Küche, um sich selbst etwas zu trinken zu holen.

Sie aß gerade ölige schwarze Oliven aus dem Kühlschrank und probierte aus, wie viele in ihren Mund paßten, als Connor von der Straße hereinkam und hinter sie trat.

»Hallo, du einsame Kleine«, sagte er. »Ist dir wieder langweilig?«

Kate wandte sich um, und er sah zu, wie sie hektisch die Oliven runterwürgte, wie eine Schlange beim Eierstehlen.

»Keiner redet mit mir. Als wäre ich Luft.«

»Das stimmt nicht, ich rede doch mit dir, oder?« Das tat er, manchmal. Wenn er nicht gerade trübsinnig unter den Zitronenbäumen saß, zusammengefaltet wie eine Ziehharmonika, erzählte er Kate von seiner wahnsinnigen Trauer, und er sagte sogar, daß sie seinen Schmerz linderte.

»Du bist wie Maggie«, sagte er, »ein Freigeist«, und er versuchte, ihr Vertraulichkeiten zu entlocken, bot ihr selbstgedrehte Zigaretten an, wenn ihre Eltern ein Nikkerchen machten. »Ein Mädchen wie du hat doch bestimmt viele Verehrer, ich wette, du machst die Jungs ganz schön an.«

Connor griff an ihr vorbei und nahm sich einen Joghurt aus dem Kühlschrank. Sie trat zurück, während er den Joghurt in eine Steingutschüssel löffelte und dann Honig in goldgelben Spiralen von einem Löffel, den er hoch über die Schüssel hielt, hineinträufeln ließ. Er hielt ihr den Löffel vor die Lippen, aber sie schüttelte den Kopf.

»Zu alt für einen Honiglutscher«, sagte er, leckte dann selbst den klebrigen Löffel ab und fixierte sie dabei mit seinen kobragrünen Augen. Der ist ja komplett verrückt, beschloß Kate und schob sich an der weißgetünchten Küchenwand entlang hinaus in den sonnenhellen Hof.

Sie baute sich so am Fußende des Liegestuhls auf, vor ihren noch immer ineinander verschlungenen Eltern, daß ihr Schatten über sie fiel. Ihr Vater öffnete ein Auge, blinzelte zu ihr hoch.

»Was ist, Kate?« fragte er. Der Kopf ihrer Mutter an seiner Schulter bewegte sich, und auch sie starrte nun zu ihrer Tochter hoch, verblüfft von dem Frauenkörper, den sie da sehen konnte, der Silhouette der aufreizenden Brüste und Hüften, die sich in dem formlosen blauen Baumwollkleid arglos gegen die Sonne abzeichnete.

»Dad«, sagte Kate, »machst du mit mir einen Spaziergang? Wir haben doch auf dem Weg zum Kloster diese kleine weiße Kapelle gesehen, und ich hab mir gedacht, daß ich sie zeichne.«

»Was, ausgerechnet jetzt?« sagte ihr Vater und stützte sich auf einen Ellbogen, »es ist gerade so schön hier.«

»Das ist meine Hausaufgabe für Kunst«, sagte sie. »Ich soll Skizzen von Gebäuden machen.«

»Ich komme mit«, sagte Connor, noch immer seinen Joghurt mit Honig löffelnd, als er aus der Küche trat. »Ich finde es schön da oben bei der Kapelle, Maggie und ich haben dort glückliche Zeiten verbracht.«

Kates Vater legte sich wieder hin und bewegte den Arm, um den Kopf seiner Frau enger an seinen Hals zu schmiegen.

»Na siehst du«, sagte er, »Onkel Connor kommt mit, wenn du Gesellschaft brauchst.«

»Bitte, Dad«, sagte sie, gab ihm noch eine Chance. Seine letzte Chance, sie zu retten. »Bitte hilf mir.«

Der Pfad führte vor ihnen einen steilen Hang hinauf, mit kakaobraunen, staubigen heißen Steinen übersät, die lose zwischen kümmerlichen Thymian- und Oreganobüschen lagen. Sie sprachen nicht, während sie kletterten, Connor als erster, so behende wie eine Bergziege. Trittsichere Beine aus Sehnen und Muskeln unter seinen Khakishorts, darüber sein langer, gebräunter Rücken mit nackter, glattledriger Haut. Kate hielt sich drei Meter hinter ihm, stapfte verbissen in ihrem blauen Kleid dahin, stolperte über Steine, grub mit den Fingernägeln Löcher in den dünnen Plastikbeutel, in dem ihr Zeichenblock und die Stifte waren. Sukkulenten krochen über die durstige Erde, grüne Finger tasteten nach Rissen in dem ausgedörrten Boden. Das einzige Geräusch war das gelegentliche Blöken von weiter o

Als sie die Kapelle erreichten, fühlte sich Kates Mund vor lauter Staub sandig an, doch sie weigerte sich, aus Connors Wasserflasche zu trinken. Er goß sich Wasser in den Mund und dann in die hohle Hand, klatschte es sich auf die hohe Stirn, fuhr mit den nassen Fingern über die Kopfhaut, so daß seine graumelierten Haare stachelig in alle Himmelsrichtungen abstanden wie bei einem Igel.

Sie setzte sich und fing an zu zeichnen, den Rücken

gegen die Überreste einer alten Steinmauer gelehnt, das blaue Kleid fest um die angezogenen Knie und über die Füße gezogen. Die Kapelle erhob sich aus Terrakotta-Erde und Felsen, drei Meter im Quadrat, blendendweiß getüncht, mit einem Steinkreuz oben auf einer Mittelkuppel von der Größe einer Puddingform. Der kleine Bau wurde von zwei alten Pinien überragt, die mit Mehltau überzogen waren wie mit gelblichem Rasierschaum. Connor war in die Kapelle gegangen, hatte sich tief bücken müssen, um durch die winzige Bogentür zu passen, aber sie wollte nicht hinein, solange er noch drin war. Sie würde nicht mit ihm reden, beschloß sie, und sie fragte sich, wie er sich wohl die Zeit vertreiben würde, während sie zornige Bleistiftstriche auf das grellweiße Papier brachte.

Connor war noch immer in der Kapelle, als sie das Geräusch hörte. Ein schwaches Winseln irgendwo hinter den Pinien. Ein Hundewelpe, der sich kaum noch regte, staubbedecktes braunweißes Fell, nicht größer als eine Mango. Kate nahm das wimmernde Hundebaby auf und hielt es in beiden Händen. »Connor«, schrie sie, »komm mal schnell!«

Connor stand neben ihr, die Augen des Hündchens waren geschlossen, aber es lag weich und warm in ihren Händen. Und dann wanderte ihr Blick von dem hungrigen rosa Mäulchen zu der klaffenden brombeerfarbenen Kopfwunde, und sie sah die wächsernen, gelben Maden, die darin wimmelten und ihr über den Handrücken fielen. »Oh«, sagte sie, hin und her gerissen zwischen Mitleid und Ekel, und der Welpe pochte in ihren Händen wie ein abgetrenntes Herz, »iieh, nimm es, Connor, bitte.«

Sie hielt Connor den Welpen hin, der ihn ihr abnahm, und sie begann herumzuhüpfen, von Abscheu überwältigt, versuchte die Maden abzustreifen, wischte sich in den Büschen die Hände ab und mußte kräftig schlucken, um die Galle zu stoppen, die ihr in den Mund stieg. Der Welpe weinte, leise, wie ein Menschenbaby. Er lag in den großen Männerhänden, und Kate konnte die trockene, schwarz gewordene Nabelschnur sehen, die noch an dem armen aufgeblähten Bauch hing.

»Die Griechen mögen keine Hunde«, sagte Connor. »Sie legen vergiftetes Fleisch für sie aus, weißt du. Das hat Maggie immer richtig zur Verzweiflung getrieben.«

»Was machen wir denn jetzt, wo ist der nächste Tierarzt?« Kate war panisch, Tränen rannen ihr übers Gesicht.

»Tierarzt? Sei nicht albern«, sagte Connor heftig. »Wir können nur eines tun. Wir werden ihn von seinem Leiden erlösen müssen. Jemand hat ihn hier ausgesetzt, damit er stirbt.«

»Das bring ich nicht fertig«, sagte Kate.

»Ganz gleich, was du für ihn tun würdest, und du kannst nichts tun«, sagte Connor, »er würde doch nicht überleben.«

Auf dem Pfad waren sie an einem schlammigen Tümpel mit Wasser aus einer undichten Leitung vorbeigekommen. Connor trug den Welpen dorthin, und während Kate vor Kummer und auch vor Dankbarkeit schluchzte, weil Connor die Kraft aufbrachte, es zu tun, legte er den kleinen Körper sanft in die Pfütze und drückte ihn mit einem flachen Stein nach unten, bis keine Luftblasen mehr an der Wasseroberfläche zerplatzten.

Sie standen am Rand des Tümpels, durch Trauer miteinander verbunden. Connor um seine tote Frau, Kate um den Welpen. »Komm mit in die Kapelle und sieh sie dir von innen an«, sagte Connor und legte seinen Arm um ihre Schulter, und diesmal kam sie mit.

Sie gingen durch die hölzerne Tür, deren brauner Anstrich abblätterte, und standen in einer schwarzen Höhle, atmeten Weihrauchduft ein, während ihre Augen sich an die Lichtverhältnisse gewöhnten. Die Wände waren mit Fresken bemalt, dottergelbe Heiligenscheine über abblätternden Gesichtern und schieferblauen und karminroten Umhängen. An einer Seite stampfte ein graues Pferd mit geschwungenem Hals und feindseligem Blick den Boden, die Kruppe mit einem fließenden, weißlichgrünen Tuch bedeckt. Hinter dem Pferd konnte Kate einen Berg und die Überreste einer Burg ausmachen. In der Mitte stand ein Altar mit Ikonen, die im Dämmerlicht schimmerten. Sie sah goldene Heiligenscheine, Kronen, Madonnen mit Kind in orangefarbenen und blauen Gewändern.

Connor entzündete eine der mattbraunen Kerzen am Altar, die Farben um sie herum leuchteten auf, das Licht fiel auf ein Sammelsurium aus gerahmten Fotos von Heiligenfiguren, wie sie von Touristen aufgenommen werden, Kitsch, besetzt mit Pailletten und Korallenperlen, ein paar vertrocknete weiße Nelken, gekräuselt wie Kohl, ein paar Münzen. Am Fuße eines rußgeschwärzten Holzkreuzes häuften sich kleine Opfersträuße aus Duftkräutern. Daneben stand ein eingetopfter Frauenhaarfarn, und aus der Mitte der Kuppel hingen drei Weihrauchbrenner aus Zink wie kunstvoll verzierte Zuckerstreuer herunter.

Connor steckte die brennende Kerze in den mit Sand gefüllten Behälter vor dem Altar. Er nahm Kate bei den Schultern und blickte ihr eindringlich ins Gesicht.

»Du siehst aus wie deine Mutter, wie Maggie«, sagte er.

»Mum sagt immer, ich sehe aus wie Dad.« Sie haßte das.

»Ja«, sagte Connor, »kein Wunder.«

Connor mußte ihr nicht erst erklären, daß ihre Mutter sie nicht mochte, aber er tat es trotzdem und hielt sie dabei weiter fest. »Du bist schöner als sie, und damit hat sie Probleme.«

Kate wollte widersprechen, doch er redete weiter: »Nicht, daß deine Eltern dich nicht wollen, verstehst du, so etwas darfst du nicht denken. Maggie hat immer gesagt, es liegt einfach daran, daß sie nur einander wollten und du ihnen in die Quere gekommen bist. Du hast ihr immer so leid getan, du arme, liebe Kate.«

Ihr staubiges Gesicht war noch immer von Tränenspuren durchzogen. Er zog das gelbe Band aus ihrem Haar, mit dem es im Nacken zusammengebunden war, sah, wie es nach vorne fiel, Kupfer, das über seine Hände glitt. »Du hast Maggies Haar«, sagte er, als er sie sanft zu Boden drückte.

Kate saß benommen auf dem Boden der Kapelle, wie hypnotisiert, während Connor vor ihr kniete und ihre Haare um seine Hände wickelte. Hinter ihm sah sie das graue Pferd, wie es den Boden zerstampfte, und im Hintergrund die verfallene Burg. Sie wollte jetzt in den Arm genommen werden, getröstet werden, als sie darüber nachdachte, was er gesagt hatte, daß alle wußten, daß sie ihrer Mutter und ihrem Vater eigentlich nur im Wege war und daß sie Tante Maggie so leid getan hatte. Sie dachte an die »arme, liebe Kate«, als er ihr Haar küßte, ihre Stirn, ihre Augenlider und ihren Mund. Sie sehnte sich danach, von ihm oder irgendwem gewollt zu werden, als er ihr Kleid hochhob, sie behutsam auszog wie ein Kind, aus dem gefalteten Baumwollstoff ein Kissen für ihren Kopf machte und ihren Hals küßte. Sie klammerte sich an ihn, während er sie hielt und liebkoste, verzaubert von der Liebe, die aus ihm sprach. Und dann wurde sie jäh in die Gegenwart zurückgerissen, als er plötzlich in sie eindrang und der Schmerz sie aufschreien ließ: »Nein, nein, das darfst du nicht«, als sie wieder zur Besinnung kam, zu spät für sie beide.

Er verlor sich in ihr, hielt noch immer ihr Haar rechts und links von ihrem Gesicht fest, stieß sie auf dem Boden vor und zurück. Sie hatte die Augen geschlossen, wünschte mit aller Kraft ihres Willens, daß alles ein Traum war, bis sein abschließendes lautes Aufstöhnen »Maggie, meine Maggie!« ihr keuchendes Schluchzen übertönte.

Connor will mit Kate reden, als sie am Grab ihres Vaters steht. Sie sah so klein und ausgelaugt aus, als sie in die Kirche kam, nichts mehr von dem üppigen Schulmädchen, das er von Griechenland in Erinnerung hat.

»Es tut mir so leid, Kate«, sagt er, seine Hand auf ihrem Arm.

»Was denn?« Ihre Augen, glühend und schwarz in ihrem regennassen Gesicht, bohren sich in seine.

»Das mit deinem Vater. Daß du deinen Dad verloren

hast«, er schiebt seinen Arm nach oben zu ihren Schultern, will sie umarmen, doch sie weicht zurück, ihr Körper dünn und steif wie ein Brett.

»Ach das. Darüber mach dir mal keine Gedanken, Onkel Con.« Sie spuckt das Wort »Onkel« förmlich aus, ihre Stimme ist leise. »Wie kann man was verlieren, was man nie hatte, hä?«

Connor will Kates Mutter ansprechen, doch sie blickt in die andere Richtung. Kate sieht, wie sie mit dem ausgestreckten Finger zornig auf seine Brust zeigt, bevor sie einen Schritt zurück macht, sich wütend von ihm abwendet und zur anderen Seite des Grabes wechselt. Er geht. Nur die Witwe steht noch am Grab. Kate findet, daß sie reumütig aussieht.

»Da«, sagt sie zu ihrer Mutter, »wirf ein bißchen Erde rein. Das hilft.«

Glückspilz

In der Badewanne siehst du immer aus wie Cäsar. Groß und mächtig, deine Schultern vom abgerundeten Emailrand umrahmt. Sie sind braun und gesprenkelt wie ein Hühnerei. Ich betrachte dich von meinem Ende aus, das Wasser reicht mir bis zum Kinn, und ich bestaune dich. Du bist der schönste Mann, den ich je gesehen habe, denke ich, aber das sage ich dir nicht. Statt dessen sage ich: »Laß uns Karten spielen.« Du zögerst, und ich versuche, nicht allzu gespannt und erwartungsfroh auszusehen, aber wenn ich ein kleines Kind wäre, hätte ich die Finger gekreuzt und die Augen geschlossen. Ich warte darauf, daß du ja sagst, denn insgeheim weiß ich, daß du es tun wirst, obwohl das Bad heiß ist, so, wie ich es mag: heiß genug, den Tag zerschmelzen zu lassen, aber zu heiß für dich, der du von dem Dampf schwitzen mußt.

Du erhebst dich aus der Wanne, dein Körper wie Regen. Der Wasserspiegel sinkt bis unter meine Brüste. Am liebsten würde ich dir sagen, du sollst die Karten vergessen, aber ich tue es nicht. Statt dessen ziehe ich die Knie an und beobachte dich, wie du ergeben das Holztablett holst, die zerknickten Karten und ein paar Streichhölzer, die wir für das Spiel brauchen. Das Bad ist leer ohne dich. Es ist zu groß für eine Person, französische Jahrhundertwende, es steht auf Löwentatzen und fällt auf beiden Seiten steil ab. Ich presse die Schenkel gegen die Seiten, damit ich nicht unter Wasser gleite, während du die Karten sortierst und überprüfst, ob noch von jeder Farbe alle dreizehn vorhanden sind, obwohl das Baby heute morgen zwei von den Karos als Hilfe beim Zahnen mißbraucht hat. Du stellst das alte Tablett mit den Messinggriffen auf den Wannenrand und läßt dich wieder ins Wasser. Ich stelle meine Füße gegen deine Knie, und wir trocknen uns die Hände am Waschlappen ab, bevor das Spiel beginnt.

Ich liebe dich mehr, als ich je im Leben einen Menschen geliebt habe. Das möchte ich dir sagen, doch statt dessen sage ich dir, daß du mit Geben an der Reihe bist. In letzter Zeit habe ich panische Angst davor, dir zu zeigen, wie sehr ich dich brauche. Mein Aberglaube flüstert mir ein, es wäre tollkühn, Farbe zu bekennen. Außerdem war das wieder einer von diesen Tagen. Am Morgen, als ich wach wurde, von einem Traum vergiftet und allein, habe ich unser Hochzeitsfoto betrachtet. Dabei mußte ich weder Feuer speien (wie das manchmal der Fall ist) noch vor Glück aufseufzen (wie das häufig der Fall ist). Als ich das Bild in dem antiken Silberrahmen betrachtete, unsere Gesichter voller Fältchen und unsere Münder prustend vor Lachen, empfand ich statt dessen bloß unsägliche Traurigkeit.

Du gibst. Wir spielen Putrida; wie bei allen guten Kartenspielen kommt es dabei ebenso aufs Glück wie auf Scharfsinn an. Man setzt Streichhölzer auf die Anzahl der Stiche, die man pro Blatt gewinnen wird, und dabei spielt man von einer Karte bis zu zehn, dann zehn ohne Trümpfe und dann rückwärts, bis man wieder bei einer einzigen Karte angelangt ist. Punkte bekommt man nicht für die gewonnenen Stiche, sondern für die richtige Vorhersage. Meistens bin ich so versessen darauf, Punkte zu machen, daß ich dabei den Sinn für die Realität verliere, während du besser darin bist, dein Blatt nüchtern einzuschätzen und korrekte Vorhersagen zu treffen. Wir sind inzwischen auf dem Weg nach oben bei acht Karten angekommen, und diesmal bin ich auf der Gewinnerstraße. Du betrachtest deine Karten. »Schrecklich«, ächzt du, »ein mieses Blatt nach dem anderen.«

»Ich glaube, ich geh' aufs Ganze«, verkünde ich blasiert und lege acht Streichhölzer säuberlich nebeneinander. Dann, während du angesichts deiner wenig verheißungsvollen Karten noch unschlüssig bist und dich halblaut über dein Pech beschwerst, sage ich: »Tja, du weißt ja, wie man so sagt: ›Glück im Spiel, Pech in der Liebe.‹ Du kannst nicht alles haben.« Ich will, daß du diese Wahrheit bekräftigst. Ich will, daß *du* es sagst. Ich will, daß du deine Karten fallen läßt, das Tablett über Bord kippst und mich in die Arme schließt. Ich will, daß das Wasser über den Rand schwappt und die Spielkarten wie kleine Flöße auf den Wellen auf und ab tanzen, während du mich mit deinem triefenden Körper bedeckst und mir sagst, daß ich recht habe, daß du unanständig viel Glück in der Liebe hast. Aber du tust es nicht. »Ich probier's dann mal mit einem Stich«, sagst du.

Wir hören, daß sich nebenan das Baby rührt, schläfriges Welpenwimmern. »O nein, bloß das nicht«, zischst du, »bitte wach nicht auf.« Du warst heute den ganzen Tag mit dem Baby allein. Der Kleine ist vor sechs wach geworden. Wie viele Male, frage ich mich, hast du es wohl schon bereut, daß du damit geprahlt hast, ein Morgenmensch zu sein? Ich habe dir immer gesagt, wie behindert ich mich fühle, daß es mir so vorkommt, als wären die Leitungen in meinen Beinen durchtrennt, meine Hände schlaff, und als hätte mein Verstand sich damit abgefunden, daß er außerstande ist, meinen nutzlosen Körper in Bewegung zu setzen. Als das Baby heute morgen den Tag zum Leben erweckte, bist daher du (wie eigentlich meistens), die selbsternannte Lerche im Gegensatz zu mir Eule, aufgestanden und hast ihn in unser Bett geholt. Während du ihm sein Fläschchen gabst, versuchte ich, mich unsichtbar zu machen, indem ich mich in die Kissen verkroch und das Bettuch über den Kopf zog. »Bitte, paß auf, daß er das nicht macht, ich bin *so* müde«, stöhnte ich, als das Baby an einer Strähne meiner Haare riß, eine verräterische Schlange, die ihm sagte, daß ich unter der Decke war. Ich hatte den Verdacht, daß du ihn dabei gemeinerweise amüsiert beobachtetest und nicht etwa nicht mitbekamst, was er da tat. Ich tauchte aus der schützenden Deckung auf, und unser Baby fiel mir aufs Gesicht, benutzte mein Kinn und seinen nassen Mund, um »Mwa Mwa« zu machen wie ein Indianer, und du lachtest mit ihm, während ich mir alle Mühe gab, zärtlich zu sein, und mir doch die ganze Zeit nichts sehnlicher wünschte, als daß ihr beide verschwändet.

Du hast die Vorhänge aufgelassen, und ich konnte sehen, daß der Himmel sich dunkel bezog und daß die Eiche in der Ferne nackt und kahl war. Die Welt draußen veränderte sich rasch, der Vogelgesang verstummte, und ich hörte das Grollen der Wolken. Während ich auf den glatten weißen Laken lag und mein Gesicht wieder ins Kissen drückte, raschelte und flatterte etwas unter dem Dach. Kurz danach brach die Gewalt aus. Ich holte mit dem Arm so weit aus, bis mir die Schulter weh tat, und schlug dich mit aller Kraft. Ich schlug dich fest auf den Kopf, ohrfeigte dich, bis meine Handflächen rot waren und brannten, und noch immer machte ich weiter. Ich trommelte mit den Fäusten gegen deine Brust. Immer und immer wieder schlug ich dich. Reglos nahmst du die Schläge hin, wie du es immer tust, und ich fühlte mich töricht und erniedrigt. Im Dunkeln konnte ich Menschen sehen, die mein Verhalten mißbilligten, denen du leid tatest. Aber so sehr ich es mir auch immer wünsche, ich kann einfach nicht aufhören, wenn ich einmal angefangen habe. Dann rannte ich schluchzend aus dem Zimmer und warf mich auf ein ungemachtes Bett. Ich erwachte mit salzigem Mund und voller Scham.

Es kommt vor, daß ich diesen Traum drei oder vier Monate lang nicht habe, und dann denke ich, daß alles vorbei ist und mein Zorn sich endlich gelegt hat, daß reife Akzeptanz an seine Stelle getreten ist. Aber heute morgen war ich wieder soweit, allein mit meiner Scham, dem verblassenden Bild von dir, zusammengesunken in einem Sessel und mit der Unmäßigkeit meines Zorns.

Auslöser war deine Liste. Der zusammengefaltete Zettel hinten in deinem Adreßbüchlein, wo ich ihn eigentlich nie hätte finden sollen. All diese Frauen. All diese *jungen* Frauen. All diese Frauen, deren Namen nie gefallen, aber mit blauem Kugelschreiber dort notiert waren, einige mit Nachnamen, einige in Großbuchstaben, und sie flatterten vor meinen Augen über das Papier wie Schmetterlinge. Deshalb habe ich darauf bestanden, daß wir ein neues Bett bekommen. Ich stellte mir vor, daß ihre Säfte bis in die Matratze gedrungen sind. Spät nachts verfolgen sie mich immer noch, hinterlassen ihre dreckigen Fingerabdrücke überall auf deinem Körper, während du schläfst.

Sehr viel später wurde ich wieder wach. Du brachtest mir das müde Baby, das in seinem schmuddeligen Strampelanzug nun ganz anschmiegsam war, und ein Glas sprudelndes Vitamin C mit Orangengeschmack. Danach fühlte ich mich besser. Der Kleine nuckelte sich an einer Flasche warmer Milch in den Schlaf, und ich baute einen Schutzwall aus Kissen und Polstern um ihn herum, während er mit offenem Mund wie ein Chorknabe mitten in unserem großen Bett lag.

Unten lag die Sonntagszeitung auf dem Tisch verstreut. Zwei Stubenfliegen saßen genüßlich auf einer Plastikschale mit angetrocknetem Brei, die Überreste des Babyfrühstücks. An der Öffnung seiner Schnabeltasse waren verkrustete Breireste. Deine gebrauchten Teebeutel, so hübsch anzusehen wie vollgemachte Matratzen, lagen naß in einer weißlichen Pfütze verschütteter Babymilch neben dem Kessel.

»Guck mal, Mummy«, sagte unserer Ältester, noch immer im Pyjama, der ebenso wie sein Mund mit Schokolade verschmiert war, und hielt mir einen Legostein hin. »Das ist ein Unterwasser-Weltraum-unter-der-Erde-Auto.«

»Aua.« Ich war mit meinen nackten Füßen auf einen herumliegenden Legostein getreten. »Ich wette, du hast noch nicht richtig gefrühstückt. Und wieso bist du noch nicht angezogen?« fauchte ich.

Und dann zu dir: »Er soll doch nicht schon vor dem Frühstück Schokolade essen, das weißt du doch.«

Du schicktest einen Seufzer zur Decke. »Unser Kleinster war heute morgen unausstehlich. Er hat gequengelt, als ich ihn gefüttert habe. Ich habe ihm die Windeln gewechselt. Da hat er noch mehr gequengelt. Ich habe ihm Wasser zu trinken gegeben, und er hat gequengelt. Ich habe ihm Milch gegeben, er hat gequengelt. Er wollte einfach nicht aufhören, und jetzt habe ich Kopfschmerzen.«

Liebster, ich habe herrlich geschlafen, und ich danke meinem Schicksal, daß ich jemanden wie dich habe, der mich den ganzen Morgen lang ungestört im Bett liegen läßt. Womit habe ich dich bloß verdient, der du dich hier unten so liebevoll um die Kinder kümmerst, während ich oben meinen kinderlosen Träumen fröne? Wie gern würde ich das sagen können, ganz ehrlich.

Aber das passiert nicht. »Ich glaube, er möchte bloß ein bißchen Aufmerksamkeit von dir«, sage ich spitzzüngig, während ich die verstreute Zeitung und die zahlreichen Reklamebeilagen zu einem ordentlichen Stapel zusammenschiebe.

Heute morgen ist die »Vogue« zusammen mit der Sonntagszeitung gekommen. Auf dem Titelblatt eine Schauspielerin mit auffällig meergrünen Augen und halb geöffneten korallenroten Lippen. Ihre Brüste quellen üppig über das perlmuttbesetzte Kleid mit Spaghettiträgern. Ich hasse sie. Sie erinnert mich an die Mahnungen meiner Mutter, als ich noch das Baby stillte: »Du mußt mehr hiervon essen«, riet sie mir und füllte weiche, reife Avocados aus einer braunen Papiertüte in die Obstschale. »Oder sie sehen hinterher so aus – ich spreche aus Erfahrung«, fügte sie mit Blick auf meine Brust hinzu, knüllte die leere Tüte zusammen und öffnete dann die Hand, um sie mir zu zeigen. Ein paar Wochen lang machte ich eine Avocadodiät, aß Avocadosandwiches, Avocadovinaigrette, Avocado-Orangen-Salat und ganze Schüsseln mit Guacamole, vergaß es dann jedoch bald.

Während ich oben unseren Sohn anzog und mich bemühte, Interesse für seine Lego-Erfindungen an den Tag zu legen, nahmst du dir die »Vogue«, setztest dich in den bequemen Küchensessel und fingst an, sie durchzublättern.

»Das ist meine Zeitschrift, und ich habe überhaupt noch nicht reingesehen.« Du kannst dir gar nicht vorstellen, wie erschrocken ich war, dich mit der Zeitschrift zu sehen. »Ich wollte sie gerade lesen.« Ich versuchte zu lächeln, während ich das sagte, aber in Wirklichkeit konnte ich es nicht ertragen, daß du dir all diese kinderlosen, vollkommenen Models in den winzigen Kleidern und hautengen Satintops mit nacktem Bauch ansiehst. Es macht mir angst. Mit einem Seufzer gabst du mir die Zeitschrift.

»Gott, ich wollte doch bloß mal zehn Minuten für mich.«

»Oh, Verzeihung«, sagte ich boshaft, »ich wußte ja gar nicht, daß du soviel Wert darauf legst, etwas über die Wunderwirkungen der neuen liposomhaltigen Gesichtscremes und über die Bedeutung der neuen Frühjahrskollektion von Hervé Léger zu erfahren.«

Ich wäre gern in der Lage, dir sagen zu können, wie

eifersüchtig ich über dich wache. Das würde so vieles erklären, das dir seltsam erscheinen muß. Wie beispielsweise meine mürrischen Reaktionen auf bestimmte Filme oder junge Frauen in roten Hot pants aus Wildleder. Verstehst du, ich würde dich gern vor Bildern bewahren, die verlockender, erotischer sind als mein eigenes. Und diese Frauen sind einfach überall. Sie verlesen die Nachrichten und bringen die Wettervorhersage. Verdammt, heutzutage spielen sie sogar schon in der »Sesamstraße« mit, hüpfen in hautengen Plastikklamotten und mit Designerdekolletés herum. Manchmal wünschte ich mir fast, du würdest blind.

Du gewinnst das nächste Spiel und das danach auch, obwohl du bei diesem Licht kaum etwas sehen kannst. Ich möchte, daß die Lampen so gedimmt sind, als würde nur eine einzige Kerze brennen, wenn wir zusammen baden, und das nicht nur, weil das Wasser sie reflektiert und ein Lichterspiel aus Wirbeln und Schatten an die Decke wirft. Ich sage, ich finde die Lightshow einfach schöner, aber ich verschweige, daß ich mich bei dem hellen Licht extrem exponiert fühle. Du kneifst die Augen zusammen, die das gleiche beständige Tintenblau haben wie die unseres Babys, betrachtest deine Karten und dann mich. »Ist doch seltsam, wie das Glück sich wandelt, je nachdem, in welchem Gemütszustand man ist, findest du nicht?« sage ich.

»Nicht das Glück, sondern deine Wahrnehmung von Glück«, sagst du, und du hast recht. Manchmal, wenn ich niedergeschlagen bin, habe ich das Gefühl, selbst die Spielkarten hätten sich gegen mich verschworen.

Dein Gesicht ist theatralisch: ein bißchen wie Marlon Brando, aber mit Anklägen einer Jack-Nicholson-in-jungen-Jahren-Boshaftigkeit. Ich mag weder Marlon Brando noch Jack Nicholson, aber dich finde ich wundervoll. Du weißt das nicht, weil ich es dir nie gesagt habe. Ich könnte es dir jetzt verraten, doch statt dessen reiche ich dir den Waschlappen und sage: »Wisch dir mal die Stirn ab, die ist ganz naßgeschwitzt«, und nachdem du dir die Schweißperlen abgewischt hast, frage ich: »Wie viele Stiche tippst du? Na los, mach, du bist dran.«

»Wir müssen uns beeilen, ich will heute abend noch mein Kreuzworträtsel fertigkriegen.« Ich werde in vielerlei Hinsicht immer mehr wie meine Mutter. Sonntag für Sonntag läßt mir das Kreuzworträtsel keine Ruhe. Ich muß es fertig machen, und mein ganzes Sinnen und Trachten steht danach, den vergoldeten Füller zu gewinnen. Dabei geht es mir weniger um den Füller, als vielmehr darum, den Leuten sagen zu können, wie ich daran gekommen bin. Schließlich kann jeder schön sein, aber um das Sonntagskreuzworträtsel zu gewinnen, braucht man Köpfchen. Ich mag die Art, wie du versuchst mir zu helfen, obwohl du keine Lust hast, die kryptische Sprache der Fragen zu erlernen (»Nein, nein, verstehst du denn nicht? Hier steht »Bäumchen wechsel dich«, da weiß doch jeder sofort, daß ein Anagramm gemeint ist.«). Und es gibt noch etwas, das du nicht weißt, nämlich, wie hilfreich du manchmal trotz dieses Handicaps bist, weil ich dir nie sage, wenn du eine richtige Lösung findest, was hin und wieder vorkommt.

Vorhin, als noch immer mein unausgesprochener Groll auf uns lastete und das Baby in seinem Stützgestell auf Rädern durch die Küche tappte und den Inhalt der Schränke zerstörte wie ein außerirdischer Hooligan, pflanzte ich mich auf den Küchenstuhl mit dem verdammten Kreuzworträtsel, während du kochtest. Das ist noch etwas, das ich mich frage. Bereust du manchmal dein Versprechen, ich würde nie wieder kochen müssen? Bist du empört, weil ich dich all die Jahre beim Wort genommen habe? Ich glaube, ich würde jetzt noch nicht mal mehr meinen Reis mit Ei hinkriegen, selbst wenn ich es versuchen würde. Du ahnst ja nicht, wie dankbar ich dir bin, daß du wie ein Meisterkoch auf Bestellung rund um die Uhr arbeitest. Es gibt einfache Spaghetti mit genau der richtigen Menge Käse und Sahne für unseren Sohn, zarte Möhrchen mit Kartoffelbrei und pürierter Hähnchenbrust für unser Baby, cremiges Waldpilzrisotto oder Thunfischcarpaccio mit Trüffelöl für unsere Freunde, den klassischen Sonntagsbraten, und dann für mich – die Wählerischste von allen – Steak mit Pilzsauce, Limonenhühnchen, genau, wie meine Mutter es macht, Entenbrüstchen mit frischen Fruchtsaucen und, wenn alles andere versagt, heiße Schokolade und Walnußtoast, bestrichen mit meiner heißgeliebten Paté dauphinois. Weißt du was, ich glaube, ohne dich würde ich verhungern.

»Hier steht, ›altertümlicher Kalender und kein Ende in Sicht‹, acht Buchstaben«, sagte ich, halb zu mir selbst. Du hörtest auf, Zwiebeln und Sellerie für deine Sauce zu hacken, und blicktest starr geradeaus, überlegtest angestrengt, wobei das fleischige Doppelkissen deiner Unterlippe vorstand wie bei einem Kind, wie bei unserem Kind.

Unser Sohn kam hereingestürmt. »Daddy, was gibt's heute zum Abendessen?« fragte er.

Du schautest ihn direkt an. »Bandwurm.«

»Igitt!« Er verzog das Gesicht.

»Nein«, sagte ich, unseren Sohn ignorierend, und dann lächelte ich ihn an, als er mir die Eingebung gab. »Oldtimer.«

»Das ist doch nichts zum Essen«, sagte er.

»Verstehst du nicht? ›Altertümlicher Kalender‹, das ist ein ›alter Timer‹, und kein Ende in Sicht heißt, er läuft und läuft und läuft.«

Unser Sohn blickte skeptisch. »Kann ich nicht einfach Spaghetti aus der Dose mit Würstchen haben?« sagte er, und zum erstenmal an diesem Tag lachten wir gemeinsam.

Nur so ein heiterer Zwischenfall kann die Spannung zwischen uns lösen. Und jetzt sitzen wir hier in der Wanne, haben den gleichen Punktestand und nur noch ein paar Blatt zu spielen. Es gibt einen unausgesprochenen Preis zu gewinnen, der später im Bett, wenn das Licht aus ist, überreicht werden wird. Doch egal, wer gewinnt, du wirst den Tee machen und einen Joint drehen, den wir rauchen, sobald das Spiel vorbei ist und wir, gegen die Kissen gelehnt, im Bett sitzen und uns irgendwas Blödes im Fernsehen reinziehen. Du gibst die Karten aus. Ich kann mein Glück nicht fassen. Ich bekomme das As, den König, die Dame und den Herzbuben, und Herz ist Trumpf. Du schnippst mit den Fingern gegen die Wasseroberfläche, was ein hübsches lautes »Tschlock« erzeugt. Das warme Wasser plätschert um meine Schultern, die Lichtwellen tanzen über uns.

Es gibt keinen Ort, an dem ich lieber wäre. Es gibt niemanden, mit dem ich lieber zusammen wäre. Ich lehne mich zurück, betrachte dich über meinen feuchten Fächer aus lauter Trümpfen, und zum erstenmal heute kann ich es dir sagen: »Weißt du was«, sage ich. »Ich bin ein Glückspilz. Ganz ehrlich, ich bin wirklich ein echter Glückspilz.«

Judith Lennox

Das Winterhaus

Roman. Aus dem Englischen von Mechtild Sandberg. 541 Seiten. SP 2962

Die drei jungen Freundinnen Robin, Maia und Helen schwören, sich ein Leben lang alles anzuvertrauen – aber das Schicksal läßt sie ganz unterschiedliche Wege gehen. In der Tradition von Margaret Mitchell erzählt Judith Lennox diese große englische Saga: Die bewegte erste Hälfte unseres Jahrhunderts bildet den Hintergrund für diese drei spannenden Frauenschicksale, die immer wieder in ein idyllisches Gartenhaus der Fenlands zurückführen.

Der Gartenpavillon der Familie Summerhayes – genannt das »Winterhaus« – ist ein Ort der Zuflucht für drei Freundinnen, die zwischen den Weltkriegen in der idyllischen Umgebung von Cambridge aufwachsen. Da ist die idealistische, kluge Robin, die in der nahegelegenen Universitätsstadt studieren soll. Da ist Maia, die schönste und ehrgeizigste der drei, auf der Suche nach einem reichen Mann, und da ist die stille Helen, die von ihrem scheinbar gutherzigen Vater, dem Vikar der Gemeinde, mehr als vereinnahmt wird. Die drei Mädchen schwören, sich ein Leben lang alles anzuvertrauen – aber das Schicksal läßt sie ganz unterschiedliche Wege einschlagen. Dramatisch, romantisch und voller Warmherzigkeit erzählt Judith Lennox, wie sich diese drei jungen Frauen in einer Welt behaupten lernen, die rauher und aufregender ist als das grüne Paradies der Kindheit.

»Judith Lennox' Winterhaus steht in bester Tradition des romantisch-realistischen Gesellschaftsromans.«

Brigitte

Tildas Geheimnis

Roman. Aus dem Englischen von Mechtild Sandberg. 552 Seiten. SP 3219

SERIE PIPER

Ulla Fröhling

Nur noch einmal

Erotische Geschichten. 165 Seiten. SP 2019

Diese Geschichten erzählen von Frauen, die aus dem geregelten Alltagstrott ihres Sexuallebens freiwillig oder unfreiwillig ausscheren. Sei es, weil sie von einer ungewöhnlichen Triebstruktur gebeutelt werden, wie Sarah, die der bloße Anblick eines Schornsteinfegers augenblicklich auf den höchsten Gipfel der Lust versetzt, sei es, daß sie, wie Helma, ihre sexuelle und finanzielle Versorgung gründlichst selbst in die Hand nehmen müssen, da der angetraute Ehemann in jeder Hinsicht seine Pflichten verweigert. Nicht alle sind so bescheiden wie Margarethe, die sich erst zu ihrem 80. Geburtstag noch einmal einen Luxus leisten möchte: einen nackten Mann. Ulla Fröhlings Geschichten sind pfiffige, witzige Stories für Frauen von heute.

»Ulla Fröhlings Figuren begehren auf gegen den Alltagstrott. Noch als Verliererinnen haben sie Power – Witz sowieso.«
Voigtland-Anzeiger

Lust an der Lust

Ein Lesebuch der Begierden. Herausgegeben von Linda Walz und Gerhard Seidl. 288 Seiten. SP 2660

Was wäre das Leben ohne die Wonnen der Lust? Sicher viel einfacher und übersichtlicher, aber auch erheblich trister und langweiliger! So ist denn auch die Lust – ob im Glück der Erfüllung oder in den Qualen der Versagung – von jeher ein unerschöpfliches Thema der Literatur. Alle Lüste dieser Erde, alle sinnlichen Genüsse präsentiert der Texte-Strauß dieser Anthologie: die Fleischeslust con variazioni und die Erregung des Berührens, das barocke Vergnügen am guten Essen und Trinken, der Genuß des Rauches, das Schwelgen in Düften und Farben. Berühmte Autoren aus aller Welt von der Antike bis heute schildern in Erzählungen, Romanen, Gedichten die Lust, die uns die Lust bereitet, aber auch die Lust, zu der die Lust werden kann, wenn sie unerfüllt bleibt, wenn sie zur Obsession, zur Sucht wird. Diese Mischung aus dramatischen, amüsanten und spannenden Geschichten sind wunderbare Aperetifs und Gaumenkitzler.